세로토닌 신경의 단련으로

말더듬은
반드시 교정된다.

[인간은 신체적 변화가 없이 남에게 빌려온 많은 지식을
두뇌로 이해하는 것만으로는 변화되기란 매우 어렵습니다.
신체적인 훈련으로 세로토닌 신경이 단련되면 시선,
대인불안 및 우울증인 신경성의 고민도 해소된다]

조 승 기 지음

도서출판 지 성

서 언

생존경쟁이 심한 요즘에 아무리 많은 지식을 알고 있어도 말로 표현을 하지 못하면 현 사회에서는 타인으로 부터 인정을 받지 못하게 되어 스스로 소외감을 느끼면서 현실을 도피하거나 심한 경우에는 자살까지 하는 경우도 많이 있습니다. 조사된 통계에 의하면 국내에서만 말더듬으로 고통을 받고 있는 사람이 약 50만 명, 미국은 300만 명 이상이라고 하니 세계적으로 큰 인적손실이 아닐 수 없습니다. 말을 더듬는 사람의 특징은 다른 사람에게 알리는 것이 자기 신체의 일부를 절단하는 정도로 고통스럽고 창피해서 모든 수단과 방법을 이용하여 감추기 때문에 실재 수는 이보다 훨씬 많으리라 생각됩니다.

그래서 1920년부터 세계적으로 많은 학자들이 말더듬의 원인을 규명하기 위하여 연구를 하여 왔지만 현재까지 확실한 원인을 밝혀내지 못하고 결과만 조사하고 있는 실정입니다. 말더듬이란 여러분이 알고 있는 봐와 같이 노래를 부르거나, 혼자서 이야기 하거나, 비교적 불필요한 것을 말 하거나, 여러 사람과 같이 책을 읽는 경우에는 거의 더듬지 않습니다. 상관으로부터 질문을 받거나, 전화를 걸거나, 학교에서 질문을 받거나, 전차표를 사는 경우와 같이 일반 사람들이 아무렇지도 않게 생각하는 상황에서도 말을 더듬게 됩니다.

이와 같이 환경에 따라서 더듬기 때문에 뇌나 발성기관에는 아무런 이상이 없다고 생각됩니다. 그러나 서양에서는 원인을 규명하기 위하여 뇌의 변화를 중점적으로 연구를 하고 있는 실정입니다. 그래서 저는 말더듬의 교정은 신체의 훈련에 의하여 인간이 태어나서부터 하고 있는 강력한 단전호흡으로 전환하여 생리적인 변화가 발생하는 경우에만 가능하다고 생각합니다. 깨달음이란 지식만으로 얻을 수가 없는 것과 같이 남에게 빌려온 지식으로 머리로 이해를 한다고 해도 인간의 행동에 변화를 주기란 매우 어렵고, 있어도 일시적이므로 스스로 훈련에 의하여 자기 몸 전체로 이해하는 것만이 진리이고 자기 것이 된다고 생각합니다.

    서양 의학과 동양 의학의 큰 차이의 하나는 「호흡」에 대한 인식의 차이로 깨달은 사람이 동양에서 많이 나오는 이유는 2,500년 전부터 실시하고 있는 인도의 요가, 중국의 기공에 의한 호흡의 실천이라고 생각합니다. 그래서 단전호흡을 장기간 하면 우리 인간에게 정신적인 안정감을 주는 신경안정제의 성분인 세로토닌이라는 신경전달물질을 뇌 속에서 생산하기 때문에 신경증의 일종인 대인, 시선공포도 치료된다는 과학적인 최신 자료도 소개를 하였습니다. 말더듬이란 무엇인가?

    그래서 여기에서는 이해가 어려운 학술적인 내용은 일체 배제하고 완치된 사람들의 교정법을 매우 알기 쉽게 설명하는 것을 목표로 하여 말을 더듬는 사람이 이 책을 읽으면 자신의 원인을 규명하여 교정되도록 하였습니다. 이 서적을 통하여 한 사람이라 하루 빨리 말더듬의 고통으로부터 벗어나기를 희망합니다.

2009년 9월
저 자

목 차

서 언
제 1 장 말더듬의 교정에 대한 역사적인 변천사 ——— 11
1. 말더듬이란 무엇인가? ——————————————— 11
2. 말더듬의 역사 ————————————————— 12
3. 말더듬의 교정의 역사 ————————————— 13
  가. 이와자(일본)의 시화법 ——————————— 14
  나. 하나자와(일본)의 모방설 —————————— 22
  다. Charles Van Riper(미국)의 유창한 말더듬 ——— 25

제 2 장 말을 더듬는 원인 ————————————— 33
1. 학술적인 병인론(etiology) 탐구의 역사 —————— 33
2. 학술적인 병인론의 흐름 ———————————— 36
  가. 소인론(constitutional theories) ———————— 36
  나. 환경론 또는 학습론 ———————————— 37
  다. 신경증론 ————————————————— 37
3. 뇌기능의 이상 ————————————————— 38
4. 완치된 경험자가 주장하는 예상원인 ——————— 39
  가. 어린이는 모두 말을 더듬는 경향을 가지고 있다 ——— 40
  나. 말을 더듬는다고 듣고부터 더듬기 시작 한다 ——— 41
  다. 몸 안의 상승기류에 기인 한다 ——————— 42
  라. 다른 사람의 흉내, 감염, 정서불안 ——————— 44
  마. 말을 더듬는 사람의 신체적 메커니즘 ————— 47
  바. 말을 더듬기 쉬운 장면 ——————————— 49

사. 말을 더듬게 되는 고착과정 ──────── 50
　5. 말더듬이와 신경성인 사람의 성격 ──────── 52

제 3 장 말더듬이의 교정을 위한 주안점 ──────── 53
　1. 동서양의 교정의 차이점 ──────── 53
　2. 지금까지의 방법으로는 교정되지 않는다 ──────── 54
　3. 말을 하는 경우에 반드시 복근을 활용한다 ──────── 56
　4. 생체공학의 관점에서 접근한 교정요법을 활용 한다 ──── 57
　5. 에너지의 치환이라고 하는 발상으로 훈련 한다 ──────── 59
　　가. 자연법칙에 반하는 상승기류를 변화 시킨다 ──────── 59
　　나. 상승기류는 만성적인 산소 결핍상태를 만들므로
　　　　호흡법을 교정한다. ──────── 60
　　다. 육체적 측면과 정신적 측면에서 접근한다. ──────── 62
　　라. 공기를 충분히 들어 마시도록 한다. ──────── 63
　6. 훈련으로 과거의 잘못된 습관을 고친다. ──────── 65
　7. 어린이의 부모가 주의 할 사항. ──────── 66

제 4 장 단전호흡법에 의한 경험적 교정방법 ──────── 69
　1. 단전호흡이란 무엇인가? ──────── 69
　2. 단전호흡법의 의미와 역할 ──────── 71
　3. 단전호흡을 하는 방법 ──────── 74
　　가. 몸의 자세 및 호흡방법 ──────── 74
　　나. 단전호흡의 포인트 ──────── 76
　　다. 단전호흡으로 복부가 커진다. ──────── 77
　　라. 성악가의 호흡법 ──────── 79
　　마. 완전 호흡법 ──────── 79

바. 호흡을 지배하는 신경 ------------------------------------ 80
    사. 호흡에 사용되는 근육 ------------------------------------ 81
    아. 흉식을 단전호흡으로 변화시키는 4가지 포인트 ---------- 82
 4. 단전호흡의 트레이닝 방법 ------------------------------------ 84
    가. 괴롭지 않도록 한다 ------------------------------------ 84
    나. 눈썹 사이의 힘을 뺀다 ---------------------------------- 85
    다. 목에 힘을 뺀다 -- 86
    라. 항문을 조인다 --- 87
    마. 호흡법이란 숨을 쉬는 방법이 아니다 --------------------- 89
    바. 호흡법을 생활 습관화 한다 ----------------------------- 90
    사. 호흡법의 효과를 올리는 방법 --------------------------- 91
 5. 단전호흡의 효과 --- 92
    가. 자율신경의 언밸런스가 치료 된다 ----------------------- 93
    나. 성격이 변화 된다 -------------------------------------- 95
    다. 대인 및 시선공포와 같은 신경증도 치료 된다 ------------ 97
    라. 혈압을 떨어뜨려 고혈압 치료에 효과가 있다. ----------- 98

제 5 장 말더듬을 교정하기 위한 준비운동 및 발성연습

 1. 준비운동 -- 103
    가. 유연체조 --- 103
    나. 호흡연습 --- 103
    다. 발음의 3원칙 --- 105
 2. 발성연습 -- 106
    가. 교정의 기본연습 -------------------------------------- 107
 3. 실생활에서의 응용 예 ------------------------------------ 116
    가. 전화를 거는 경우 ------------------------------------- 116

나. 전차나 기차의 표를 사는 경우 ------------------ 117
　　다. 사람과 대화 할 경우 ------------------ 118
　　라. 학교나 회사에서 책을 읽을 경우 ------------------ 118

제 6 장 청각지연반응에 의한 청각요법 ------------------ 119
　1. DAF란 무엇인가? ------------------ 119
　2. 청각요법에서 중요한 것은 무엇인가? ------------------ 120
　3. DAF트레이닝으로 왜 말더듬이 교정 되는가? ------------ 121
　4. 청각요법의 특징 ------------------ 124

제 7 장 말더듬과 신경증을 관장하는 세로토닌 신경
　1. 세로토닌이란 무엇인가? ------------------ 127
　2. 세로토닌 신경이 왜 약해지는가? ------------------ 128
　3. 세로토닌 신경의 작용 ------------------ 129
　　가. 잠에서 깨어나는 경우에 활동 한다 ------------------ 129
　　나. 겨우 수 만개의 세포로 뇌 전체에 영향을 준다 ---------- 130
　　다. 일정한 리듬을 가지고 뇌의 상태를 만들다 ------------- 131
　　라. 원기를 만들다 ------------------ 132
　　마. 평상심을 가져 온다 ------------------ 134
　　바. 근육을 강하게 하여 순발력을 높인다 ------------------ 136
　　사. 자세근을 자극 한다 ------------------ 136
　4. 단전호흡은 세라토닌 신경을 활성화하여 정신을
　　안정화 한다 ------------------ 137

제 8 장 세로토닌 신경을 단련 한다 ------------------ 141
　1. 세로토닌 신경을 활성화하는 방법 ------------------ 141

가. 의식하여 리듬을 준다 ------------------------------ 141
　　　나. 세로토닌은 일단 줄고 나서 증가 한다 ------------ 146
　2. 세로토닌을 둘러싼 오해 ------------------------------ 148
　　　가. 우유로 세로토닌은 증가하지 않는다 ------------ 148
　　　나. 세로토닌은 피로물질이 아니다 ------------------ 149
　3. 근본적으로 세로토닌 신경을 단련하기위한 방법 --------- 153

제 9 장　말을 더듬는 사람들의 4가지 오해 ------------ 155
　1. 말더듬이는 선천적인 장해 ---------------------------- 155
　2. 긴장하기 때문에 말을 더듬다 ------------------------- 157
　3. 말더듬의 원인 불명 ----------------------------------- 159
　4. 뇌의 장해에서 온다 ----------------------------------- 160

제 10 장 말더듬에 관하여 자주하는 질문 ---------------- 163

제 11장 말더듬을 연구한 학자와 말더듬이였던 유명인
　1. 20세기의 위대한 말더듬의 학자들 -------------------- 177
　2. 말더듬이였던 유명인 --------------------------------- 187

제 12 장 말더듬이의 체험사례 및 통신상담 ------------ 193
　1. 체험사례 --- 193
　2. 통신상담 --- 199
　■ 국내외 참고문헌 목록 ------------------------------- 201

제 1 장 말더듬의 교정에 대한 역사적인 변천사

1. 말더듬이란 무엇인가?

말더듬은 종래에 여러 가지로 정의되어 왔지만 어느 하나로 하여 결정적으로 설명하기란 매우 어렵다. 그것은 말더듬은 불가해한 면이 너무 많아서 실태를 파악하기가 어렵고, 원인도 아직 밝혀지지 않은 이유도 있지만 무엇보다도 말더듬에서 생기는 문제가 실로 다양하고 복잡한 면도 있을 것이다.

미국의 언어병리학자인 charles Van Riper (1905-1994)가 말더듬을 [어음성 또는 음절의 반복이나 길게 늘이기, 막힘, 회피나 몸을 흔드는 행동에 의하여 말의 정상적인 흐름이 방해되는 현상이다]라고 정의하는 것과 같이 기본적으로는 말이 보통 순조롭게 나오지 않는 것을 말더듬이라고 한다.

그러나 말더듬이가 성장하게 되면 여러 가지의 형태로 나타나므로 외형상으로는 판단하기가 곤란한 경우가 있어 다른 사람은 말더듬이라고 인정을 하지 않는 경우에도 자신은 말을 더듬는 것을 항상 창피하다고 생각하여 대화하는 기회를 기피하려 한다.

말을 더듬는 사람의 가장 고통스러운 것은 말을 더듬는 다는 사실을 남에게 알려지는 것이므로 철저히 이를 숨기려고 하기 때문에 정확한 숫자는 알 수 없지만 대략 100인에 1-3인 정도라고 말하여 지고 있다.

다른 신체적 장해나 언어 장애와 같이 말더듬이는 조소나 집단 괴롭힘의 대상이 되는 경우도 있다. 읽는 수업에서 능숙하게 읽지 못하여 아이의 마음에 깊은 상처를 입게 되는 경우도 많다. 말더듬이가 절망하여 자살하는 사람도 있다.

12 세로토닌 신경의 단련으로 말더듬은 반드시 교정된다

　자살하지 않아도 말을 잘 할 수 없는 것에 기인하는 우울증, 대인 공포증, 사회 공포, 두문불출 등 2차 장해가 발생하기도 한다. 때때로 말더듬이가 말을 더듬는 것을 의식하지 않는 경우에 유창하게 이야기 하는 경우도 있다. 또 말더듬이는 말을 더듬는 말을 교묘하게 피하여 말을 더듬지 않는 것처럼 보이는 경우에 옆에서는 말더듬이라고 알지 못하므로 심각한 고민이라고 받아드리지 않는 경우도 있다.
　말더듬이가 마음으로 느끼고 있는 고통만큼 주위의 사람은 걱정하지 않고 낙관적으로 대하는 경우가 많다. 말더듬이는 자신의 이름을 말할 수 없고, 가게에서 주문할 수도 없고, 사람과 원활히 커뮤니케이션이 되지 않고, 인사를 할 수 없고, 전화를 걸 수 없는 등 사회생활 전반에 큰 영향을 미치지만 이것을 「부끄러운 일」이라고 인지하여 필사적으로 숨기려고 하는 경향이 강하다고 할 수 있다.
　그 때문에 몸에 소지한 것이나 차종, 주소, 회사명 등등은 자신이 「말이 나온다」 「말이 나오기 쉽다」 「말을 더듬지 안 는다」라고 상황을 주도하게 준비하거나 필요한 경우에서도 말 할 수 없는 것은 구입하지 않거나 혹은 말을 빙 돌려서 하는 방법으로 구입하는 등 말더듬이가 말을 더듬는 것을 숨기기 위해서 소비하는 노력이나 신경피로의 크기는 비말더듬이에게 있어서 상상 하기 어려운 것이다.

2. 말더듬의 역사

　고대 그리스의 대 웅변가인 데모스테네스(Demosthenes, BC 384-322)는 플라톤·아리스토텔레스와 동시대 인물로 부유한 칼 제조업자의 아들이었다. 7세 때 아버지가 돌아가시고 많은 유산을 받게 되었으나 후견인들에게 횡령당해 성년이 되었을 때 쯤에는 거의 모든 재산을 잃었다. 그는 전통적인 그리스의 체육 교육을 받지 못할 만큼 몸이 약한 이유도 있었지만 후견인인 포

보스를 고소하기 위해 웅변술을 익히고 법률과 수사학을 공부하기 시작했다.

  그리스 역사가이며 전기 작가인 플루타르코스가 〈영웅전 Bioi Paralleloi〉 AD 115경에 기록하기를 데모스테네스는 사람들이 모여 있는 곳에 가지 못하도록 스스로 머리카락을 절반이나 밀어버리고 지하에 서재를 만들어 그곳에서 발성연습을 했다고 한다. 또 데모스테네스는 '발음이 정확하지 못하고 말을 더듬거려' 웅변가로서 결함이 있었으나 입에 잔돌을 문채 말을 타고 달리기를 할 때나 숨이 찰 때 시를 암송해 자신의 결점을 극복했다고 한다. 또한 그는 큰 거울 앞에서 연설 연습을 하기도 했다. 말더듬이면서 호흡도 안 되는 그가 끈질긴 노력으로 대 웅변가가 되었는데 누구나 노력하면 극복이 가능하다고 생각한다.

3. 말더듬의 교정의 역사

  말더듬이의 문제는 이미 고대 그리스에 있어 Hippocrates나 아리스토텔레스 등에 의해서 논고가 되는 등(Bloodstein, 1993) 옛 부터 관심을 갖게 되었던 것 같다. 과학적인 언어 청각 장해의 치료·지도를 지향하는 언어 병리학이 제창된 것은 20세기 초이지만 그 선진의 땅 미국에서 언어 병리학의 박사 학위를 최초로 취득한 것은 말더듬이의 원인론의 하나인 대뇌 반구 우위설을 제창한 Travis 이었다. 또 일본에 있어도 1903년에 락석사라고 하는 말더듬이 교정시설이 설립되고 있었다. 락석사는 근대 일본의 교육제도의 제도 설계에 진력한 문부성의 고급관료인 이자와슈지(**伊澤修二**)가 창설해, 설립 17년 후의 1920년에는 7천여 명의 수강생을 배출하는 등 꽤 대대적으로 활동을 실시하고 있었다.

14 세로토닌 신경의 단련으로 말더듬은 반드시 교정된다

가. 이자와(伊澤修二, 1851-1917)의 시화법

■ 이자와(IZAWA Shuji) 시화법과의 만남

일본 동경의 맹아학교 교장을 역임한 이자와 선생(사진1-1)은 서기1875년 문부성에 의하여 「사범학과 조사」를 위하여 유학생으로서 미국에 파견되었다. 이자와는 브릿지워타 사범학교 재학 중인 서기1876년 7월 미국독립 백년기념 박람회가 필라델피아에서 열렸을 때에 다나카(田中) 문부성 직원 등이 시찰을 겸해 동 박람회에 파견되었다. 일행과 동행을 하였지만 이때 이자와는 지금까지 본 적도 없는 드문 쾌도를 찾아냈던 것이다. 이것이 이자와 시화법과의 만남이지만 그 모습을 이자와는 다음과 같이 회상하고 있다.

「그런데 다나카의 일행과 나는 필라델피아의 박람회에 같이 가서 시찰을 하였다. 그곳에 희랍문자도 라텐 문자도 아닌 일종의 이상하게 생긴 문자의 쾌도가 있어서 이것을 동회의 이사에게 질문을 하였는데 이것은 농아에게 교육시키는 문자라고 하여 나는 기이하게 생각을 하면서 누가 실제 이문자로 농아에게 발음 시키는지가 의문이였다. 그리고 보스턴에 살고 있는 전화를 발명한 알렉산더 그라함・벨(1847-1922)로부터 자세한 것을 듣고 나는 어두운 밤에 광명을 얻었을 정도로 기뻐하였다. 통상인인 내가 발음의 교정을 받아서 농아에게도 이것을 알려줄 수 있다면」하고 생각했던 것이다. 이자와는 보스턴의 벨을 방문하여 영어의 발음이 매우 나쁘기 때문에 꼭 교정해 주었으면 한다고 부탁했다. 벨은 정확히 전화기의 발명 사업에 종사하고 있어 다망했지만 일본어를 배우고 싶다는 것으로부터 이자와에 시화법에 따라 영어의 발음을 가르치게 되었다. 이자와가 시화법의 만남은 장래 활동에 큰

영향을 주게 된다. 시화법이란「사람의 입에서 내는 소리를 귀로 듣는 대신에 눈으로 보는 것이다. 즉 이야기를 보는 방법이다.」라고 하였다.

예를 들면「입을 열어 혀가 어디로 가고, 입의 형태가 어떻게 되는가를 연구하면 짧은 시간에 누구라도 이해 할 수 있다.

사진1-1 1890년 6월 도쿄 맹아학교 교장 취임 시절

■ 말더듬이를 교정하기 위한 락석사의 설립.

서기1903 년 3월 26일에 이자와는 말더듬이를 교정하기 위하여 소석천(小石川)의 자택에서 락석사를 창립했다. 락석사 언어 연구부에 있어서는 음운학 및 언어학을 대상으로 하여 그 학리를 응용하는 것으로 구체적인 사업내용은 다음과 같다.
   ① 시화법의 연습.
   ② 올바른 일본어 발음연습.
   ③ 올바른 영어 발음연습.
   ④ 올바른 청나라 발음연습.
   ⑤ 올바른 대만어 발음연습.
   ⑥ 방언의 교정.
   ⑦ 말더듬의 교정.
   ⑧ 농아의 말 연습.

　이러한 사업은 이자와가 지금까지 시화법의 응용으로서 실천해 온 것이었지만 보다 한층 연구를 깊이 하기 위하여 다방면에서의 학자 및 연구자를 모아 연구 체제를 구축하려고 하는 것이었다.
　이자와는 이 사업 중에서도 시화법의 강습을 가장 중시하여 매주 2회 토요일 및 일요일의 오후에 개강하였다. 당시 말더듬이는 약물요법, 전기요법, 정신요법 등의 방법으로 치료가 시도되고 있었지만 이것 외에 결정적인 치료법은 없었다.
　말더듬이는 불치의 질환으로 되어 있었다. 그러나 이자와는 말더듬이를 선천적인 병이 아니고 일종의 나쁜 버릇으로서 파악하여 이것을 「좋은 방향으로 이끌면 반드시 완치 한다」라고 믿는 것이다. 말더듬이 교정에 이용한 방법은 「음운, 생리, 심리 교육 등의 방법」으로 연습법을 독자적으로 개발한 것이다.

　　■ 이자와의 말더듬이 교정법의 독자성
　이자와의 말더듬이 교정법은 벨의 시화법에 기초를 두고 있지만 이자와의 독자적인 개량이 있다. 특히 이자와는 우선 중국어·한국어의 연구에 있어서도 고칠 점을 말하고 있다.

「거기에서 나의 생각으로는 될 수 있으면 벨의 방법에 따르고 싶었다. 쓸데없이 고친다고 하여 고인이 한 일을 함부로 타파하는 것은 결코 좋은 결과가 없기 때문에 되도록 전혀 옛날의 방법에 따라서 하고 싶다고 생각하여 왔지만 이번은 아무래도 조금 변화하지 않으면 안 되는 시기가 되어 왔다.

(중략) 청나라와 한국의 말을 할 때에는 벨이 만든 것만으로는 충분하지 않았다. 아무래도 약간 변경하지 않으면 안 되는 것이 발생하였다. 그렇지만 역시 벨의 시스템에 토대를 두어 해 나갈 생각이다.」

또 이자와는 말더듬이 교정에 관하여 독자적인 개량을 고안한 것을 벨에게 보낸 편지「일본어 표준음 및 말더듬이 교정법발명을 벨 박사에 보낸 서한」서기 1903년 11월 9일에서 발명의 요지로서 다음의 점을 주장하고 있다.

① 성대의 개폐와 횡격막을 강하게 하는 연습.
② 각 단어의 자음을 모음화 하여 계속 각 자음에 적당한 모음을 더하여 발음하는 연습.
③ 약간의 새로운 글자를 창조했으므로 그것을 센트루이스의 세계박람회에서 일본어 표준음 및 말더듬이 교정법의 발명을 전시하고 싶었지만 세계에서 벌써 시행되고 있는지 어떤지를 문의하였다.

그래서 세계에서 아무도 하고 있지 않는 호의적인 대답이 벨로부터 있었던 것이다. 말더듬이 교정 사업을 전개함에 있어서 이자와는 구미에서 말더듬이 교정이 어떻게 행해지고 있는지를 알 필요가 있었다.

18 세로토닌 신경의 단련으로 말더듬은 반드시 교정된다

그래서 그 전제로 이자와의 방법이 얼마나 말더듬이 교정에 대해 세계적으로 우수한지를 입증하고 싶었다. 서기1910년 겨울 이자와는 유럽으로 가서 말더듬이 교정의 대가인 독일의 굿즈맨 박사의 연구를 고찰한 결과 이자와의 연구의 독자성을 강조하려고 했다. 이자와는 대체로 굿즈맨(H, Gutzmann)의 말더듬이 교정의 치료법과 같으면서도 「이론은 근본에 있어서 다르다」라는 점이 있다고 주장한다.

① 굿즈맨은 말더듬이의 원인을 「뇌신경 즉 언어의 중추 이상으로 말더듬이가 생긴다」라고 한다.
② 2번째로 굿즈맨은 「말더듬이는 태어났을 때부터 발음기관 또는 그 성질에 말더듬이가 되는 성질을 가지고 태어난다」라고 한다.

그러나 이자와는 다음과 같이 반론한다.
「나는 즉 성대를 조이는 습관이 큰 원인이라고 인정한다.」 또 말더듬이는 태어났을 때로부터의 성질인 것에 대하여 이자와는 「말더듬이라는 것은 모방으로부터 오는 경우가 제일 많아 말더듬이의 흉내를 내는 경우이다. 즉 말을 더듬는 사람을 흉내를 내는 것이 악습이 되는 것이다. 악습으로 받은 것임에 틀림없기 때문에 좋은 모범을 가지고 연습시키면 완전한 사람이 될 수 있다고 생각 한다」. 또 독일어는 어미가 자음으로 끝나지만 일본어는 모음으로 끝난다. 「하-, 혜, 호-」의 연습을 하여 성대를 여는 것을 한다. 1주간에 성대가 열리면 나머지는 모음 연습을 한다. 「굿즈맨은 매우 대단한 노력으로 독일어의 말더듬이를 고쳤지만 독일어는 어미가 막히는지 그렇지 않는지를 알 수가 없다.

이자와는 성대를 열고, 복식 호흡을 철저히 하고, 「하-, 헤, 호-」을 중심으로 한 발성훈련을 하는 것에 의해서 말더듬이는 반드시 낫는 것으로서 파악하는 것이다.

■ 락석사의 말더듬이 교정 사업과 그 성과

서기 1911년 기원절(紀元節)에 행해진 말더듬이 교정사업의 보고 및 종료자의 성적 발표회에서 말더듬이의 원인을 이자와는 다음과 같이 설명하고 있다.

「이 말더듬이의 원인이라고 하는 것은 여러 가지로 복잡한 것입니다만 대개의 원인이라고 보는 것은 후두 안에 있는 성대를 단단히 조이는 것이 주요의 원인이다. 이와 병행하여 그것보다 한층 자세하게 말하면 실은 소리를 낼 수 있는 근원으로부터 다른 점이 있습니다. 통상의 사람은 소리를 내려면 배로 호흡을 하여 소리를 만드는데 말더듬이는 배로 호흡을 하는 것이 대체로 할 수 없어서 호흡도 충분하지 않으므로 소리도 충분히 낼 수 없다.

횡격막의 신축에 의해서 호흡을 충분히 할 수 없으면 충분히 소리도 나오지 않는다. 이것이 말더듬이의 열 명의 8-9인은 횡격막을 사용하지 않아서 목의 성대를 움직이는 근육이 조이기 때문에 소리가 나오지 않는다는 것이 첫 번째의 원인이다.

그리하여 성대를 편하게 개폐를 할 수 있도록 하여 혀를 편하고 자유롭게 하는 그것이 고쳐지는 것입니다.」

이자와의 말더듬이 교정법으로서는 우선 성대를 편하게 하기 위한 「하, 헤, 호」의 연습을 반복으로 보통은 3주간에 고쳐지지만 속성 강습은 12일간이다. 서기 1910년 3월 26일의 보고에서는 말더듬이 교정

20 세로토닌 신경의 단련으로 말더듬은 반드시 교정된다

의 성적을 다음과 같이 전하고 있다.
   보통 교습(3주간) 1,638명
   속성 교습(12일간) 362명
   중도 중지   63명

 비용은 말더듬이 강습은 20엔, 별도 연습비로 해서 1엔 20전, 락우회원 회비는 1엔 20전이고 빈곤자에게 대해서는 전액 보조가 적용되었다. 이자와는 미국에서 말더듬의 교정사업을 추진하기 위하여 여권을 신청하였다가 뇌출혈로 서기 1917년 5월 3일 67세에 별세하였지만 그때까지 교정된 말더듬이는 5천명을 넘었다.

말더듬이 교정의 실적으로 교정이 완료된 사람은
   1,000명 서기 1906 년 9월
   2,000명 서기 1910 년 4월
   2,984명 서기 1912 년
   4,500명 서기 1916 년 4월
   5,000명 서기 1917 년

 그리고 이자와 사후 락석사의 말더듬이 교정 사업은 이자와의 자식 승마(勝麿)에 의해서 계승해 갔지만 서기 1922년에는 말더듬이 교정 완치자는 8,618명, 서기 1933년으로는 21,621명으로 이자와가 중심이 되어 치료한 수의 4배 이상이 되었다.

  ■ 한국에로의 도입
 국내에 최초로 이와자의 시화법을 도입한 김 태안 선생의 학력과 경력은 다음과 같다.
 - 1927년 광주공립농업학교 5학년 졸업.

제 1 장 말더듬의 교정에 대한 역사적 변천사

- 1935년 3월 동경 조도전 대학 문리과 3년 수료.
- 1935년 10월 오사카 정음학교(64회)에서 본인의 말더듬을 교정함.
- 졸업 후 10년간 일본에서 말더듬 교정사로 근무한 후에 오사카시 동구에서 말더듬이 교정기관인 일본정음학원을 창설하여 3년간 교정사업을 하다가 해방 후에 한국에 귀국.
- 1950년 11월에 광주 대한정음학원을 창설하여 말더듬교정사업을 시작.
- 1952년 제1회에 13명(고등학생인 조희승외 3명, 중학생은 김정규외 1명, 초등학생은 정철웅외 6명이 교정을 받고 졸업(교정기간 1952년 3월17일-4월 2일)
- 1970년 4월에 서울역 앞에서 중부 교육청에서 정식으로 "한일정음학원"을 인가를 받아 말더듬 및 소심공포증 교정사업을 시작.
- 1950년- 1979년 (30년 동안) 제315회를 실시하였으며 약 15,000명의 교정원생을 배출함.
- 1982년 2월 7일에 별세.
- 현재 김 태안 선생님의 아들인 김 유천이 미국 뉴욕에서 교민들을 상대로 말더듬 교정사업을 하고 있음.
- 저자는 제140회에 등록하여 교정훈련을 받음.
  (1963년 5월 4일 -5월 18일)

22 세로토닌 신경의 단련으로 말더듬은 반드시 교정된다

나. 하나자와(花澤忠一郎 :1917-?)의 모방설

■ 하나자와 연구소 발족

하나자와는 집에서 일하는 가정부가 말을 더듬는 것을 흉내를 내면서 3세 때부터 말을 더듬기 시작하여 교정이 된 성인이 될 때까지 도서관에서 말더듬을 교정 할 수 있는 연구에만 전념하였다.

그리고 1932년에 일본 와세다 대학의 심리학 교실에 와세다 대학 말더듬이 교정회를 발족하여 「말더듬이의 아버지」 구-링 박사에 사사하여 국내외의 말더듬이 연구에 전념하였고, 그 후 구강외과의로 치바대학 명예교수인 사토(佐藤伊吉)와 공동 연구를 하여 일본에서는 최초로 어른의 말더듬이의 언어 훈련법을 고안하여 1956년에 하나자와 연구소를 설립하였다.

본격적으로 말더듬이의 교정법으로 시작한 하나자와 교정법은 이자와(伊澤修二, 1851-1917)가 개발한 방법과 거의 유사하여 천천히 발음하거나 모음을 길게 발성하는 연습을 가세하여 회화에 앞서는 공포와 불안을 없애는 훈련으로 어른의 말더듬이의 상당수는 능숙하게 이야기 할 수 있게 하였다고 한다.(2006년 NY타임스에 소개됨).

■ 국제 음성학회에서 말더듬이 교정법 발표

일본에서는 최초로 이태리에서 개최한 제12회 국제음성언어의학회(1962년 8월29일-9월.4일)와 오스트리아 윈에서 개최한 제13회 국제음성언어의학회(1965년 8월27일)에 초청을 받아 참석하여 다음과 같이 발표하였다.(사진1-2)

제 1 장 말더듬의 교정에 대한 역사적 변천사 23

사진1-2 이태리에서 발표하는 하나자와

발표한 내용은 다음과 같다.

나는 유소년시절부터 말더듬으로 괴로운 생활을 하였습니다.

나는 그 원인을 확실히 알지 못하였습니다. 아마 말을 더듬는 사람의 흉내를 냈기 때문이라고 생각합니다. 나의 부모님은 여러 병원에 나의 말더듬을 치료하기 위하여 나를 다리고 다녔습니다.

그러나 일본에서는 말더듬이를 치료하는 병원은 없었습니다.

나는 15세 무렵부터 말더듬이 창피하기 시작하여 일반 사람들뿐만 아니라 특히 상사와 만나는 것을 피하기 시작하였습니다.

나는 대학에 입학하면서 부터 나 자신의 말더듬을 연구하려고 결심하였습니다. 말을 더듬는 사람은 말더듬에 쓰라린 경험을 가지고 있기 때문에 말하기 전에 또 말을 더듬지 않는가하는 공포와 다른 사람은 자신의 말더듬에 대하여 주목하지나 않을까 하는 공포를 가지고 있습니다. 사람은 누구라도 두려움을 느끼면 심장은 평소보다도 빨리

24 세로토닌 신경의 단련으로 말더듬은 반드시 교정된다

뛰어서 말도 잘 할 수 없습니다. 그래서 나는 말을 더듬는 사람이 말을 하는 경우에 발생하는 정신 상태를 연구 하였습니다.그 결과 다음과 같은 사항을 알게 되었습니다.

① 사람은 두려워하면 횡격막이 올라가게 되어 그 결과 발음에는 절대로 필요한 공기가 없게 됩니다. 횡격막이 올라가면 폐에 있는 공기가 증가하지 않으므로 횡격막을 아래로 내려서 복부에 힘을 넣는 연습을 한다.

② 말더듬이는 말을 시작하기 전에 먼저 숨을 충분히 들어 마시지 않으면 안 된다. 말더듬이가 공포에 떨면서도 그는 실패하지 않고 숨을 들어 마실 수가 있다. 이것은 말더듬이가 공기를 충분히 들어 마셔도 다른 사람은 알지 못하기 때문에 그는 별로 부끄러워하지 않고 숨을 들어 마실 수가 있다.

③ 많은 말더듬이는 장시간 노래를 불러도 더듬지 않는다.
그것은 그들은 노래를 부르는 경우에는 반드시 음을 길게 하기 때문이다. 그래서 말을 더듬는 사람은 첫 음을 천천히 하면서 말을 하게 되면 잘 할 수가 있다.

④ 말더듬이는 다른 사람은 자기의 말더듬을 주의하고 있다고 생각하기 때문에 부끄럽게 생각한다. 그래서 그는 말을 더듬는 것이 창피하다고 생각되므로 자기의 말더듬을 숨기려고 한다. 그는 이러한 부끄러움을 제거하기 위하여 다른 사람과 만나는 많은 기회를 갖도록 노력을 하지 않으면 안 된다.

나는 앞에서 설명한 4가지 점에 관하여 연습에 연습을 반복하였다. 그래서 그 결과 나의 말더듬을 정복 할 수가 있었다.
그래서 나는 현재 많은 말더듬이들을 교정을 하고 있다. 그리고 많은 성과를 올리고 있다.

다. charles Van Riper (1905-1994)의 유창한 말더듬

말더듬이 연구가 참된 의미로 과학적이고 또한 조직적으로 개시한 것은 1920년대 후반에 미국의 아이오와 대학에서 Lee Edward Travis와 그의 3제자(Bryung Bryngelson, Wendell Johnson 및 Charles Van Riper)에 의하여 시작된 것으로 보아도 좋을 것이다.

미국의 언어 병리학자 인 Charles Van Riper는 1905에 미국에서 태어났으며 자기 자신도 말더듬이였다. 그는 16세의 젊은 이였을 때에 그의 생애를 말더듬이의 원인을 찾아내어 그 치료에 바치려고 어린 은빛전나무에 맹세하였다. 그리고 몇 십 년 된 후에 그는 이 나무아래에 돌아와서 나는 아무것도 찾아낼 수 없었다고 고백하였다. 이 은빛나무는 벌써 시들어 죽어 있었다. 만약 지금도 시들지 않고 있었다고 해도 오늘과 같은 것을 이 나무에 말하지 않으면 안 되었다. 그는 많은 말더듬이를 만나서 말더듬이와 그 자신의 장해를 연구해 왔다.

■ 말더듬 수정법의 발전

아이오와 학파의 한 사람인 Charles van Riper의 방법은 Bryung Bryngelson, Wendell Johnson등과 같이 말더듬이에 대한 두려움을 감소시키는 것에 주안을 두었습니다. 그러나 1936년 말더듬의 새로운 치료법을 연구하기 위하여 아이오와 대학을

26 세로토닌 신경의 단련으로 말더듬은 반드시 교정된다

떠나 미시간 대학으로 갔다. 그 후 20년 동안 말을 더듬는 사람들을 치료하면서 말더듬 수정법을 확대 발전시켰다.

　Van Riper의 말더듬이 치료에 대한 방법을 단적으로 말하면"유창한 말더듬이"라고 하는 표현이 들어맞습니다. 그는 말더듬이의 대부분은 학습된 행동이라고 생각하여 비록 신경 학적, 신경 증적 경향이 있다고 하여도 그것들이 문제가 아니고, 오히려 그 후의 말더듬이 회피에 의한 예기반응과 말더듬이 경험에 의한 갈등반응이 말더듬이의 이상성을 증대시키고 있다고 생각했습니다. 따라서 습관화한 말더듬이에 대해서는 그것을 완전하게 없애는 것 보다는 그러한 반응을 경감시키기 위해서"유창하게 말을 더듬는"것에 의하여 최소로 말을 더듬는 것을 생각했습니다.

　처음은 Bryngelson의 자유스런 말더듬을 채용했습니다만 Van Riper의 경우는 이것을 두려워하지 않은 단어로 더듬는 것(인위적인 말더듬이)으로 하여 그 때 최초의 소리를 지연시키는 것으로 행했습니다. 이것을 할 수 있게 되면 자신의 말더듬이를 솔직하게 나타내 보일 수 있게 되어 말더듬에 대한 공포심도 경감된다고 생각할 수 있어 실제로 효과를 얻었습니다.

　또 말더듬이의 예기 반응은 더듬기 직전과 같이 그것은

① 구음 기관의 근육의 긴장,
② 더듬는 음의 입의 자세의 고정,
③ 그 소리를 내기 이전에 그 소리의 입의 형태를 만들어
　 버리는 것 이라고 하는 형태라는 것을 발견했습니다.
그래서 그렇게 되지 않기 위한 준비로서

① 근육의 이완

② 첫 음을 길게 발음하는 것,
③ 호기를 곧바로 발음에 연결하는 훈련하는 것을 행했습니다.

그러면서 많은 말더듬이에게 있어서는 이 방법을 요구 할 수 있을 정도로 자신의 말을 들으면서, 그렇지만 상대와 서로 이야기하는(능숙하게 커뮤니케이션을 취할 수 있다) 일이 어려운 것을 알 수 있던 이유입니다. 그것은 아마 말더듬이가 실제의 커뮤니케이션 장면에서는 냉정하게 스스로의 말투를 되돌아 볼 여유가 없기 때문이라고 생각됩니다. 거기서 Van Riper는 「해소법」로서 더듬을 경우에는 일단 이야기하려고 하는 것을 멈추어 보고, 한번 다시 해 보는 것을 행했습니다.

그러면 이 방법에서는 비교적 말더듬이가 경감되는 경우가 있는 것을 알 수 있었습니다. Van Riper에 의하면 이것은 말하는 방법의 개선이라고 하는 효과보다 오히려 이야기하는 것을 멈추어 보는 것에 의해서, 말더듬이인 자신이 자기를 되돌아 볼 기회를 만든다고 하는 의미로 효과가 컸던 것 같습니다.

즉 말하기 어려운 소리를 어떻게든 무리하여 내려고 하고 있는 것 자체가 말더듬이에 대하여 사로잡혀 주위나 상대의 상황을 포함해 냉정하고 객관적으로 자신의 말더듬이와 마주보는 것에 연결된다고 말할 수 있읍시다. 게다가 Van Riper는 해소법, 지연법, 준비자세의 순서로 진행시켜 나가 거기에 숙달 하면 막상 곤란한 상황에서는 역순으로 그것을 사용해 가는 것을 제안하고 있습니다.

Van Riper의 이러한 방법은 언뜻 보면 말하는 방법의 개선에 주안이 놓여 있는 것처럼 보입니다만, 실제로는 그렇지 않아 오히려 말더듬이에 대한 말더듬이 자신의 붙잡히는 것을 해결하려

28 세로토닌 신경의 단련으로 말더듬은 반드시 교정된다

고 하는 심리적 어프로치와 다름없다. 따라서 이러한 Van Riper 의 방법이 다른 발성 연습이나 자기암시나 최면 등의 방법과 크게 다른 것은 결코 표층적인 회화만을 위한 심리요법에만 치우치는 것이 아니고, 말더듬이라고 하는 표층적인 사건에 그것을 지지하는 심리적 측면을 소중히 하는 어프로치 한 점에 의의가 있다고 말할 수 있습니다.

그는 이 장해에 대해 많은 것을 발표해 왔다. 그는 말더듬이에 관한 세계의 연구논문의 대부분을 읽었다. 그는 여러 가지가 있는 치료법을 거의 시도하여 많은 사람에게 혀의 뒤얽힘을 푸는 방법을 조언 해 왔지만 사람을 돕는 것에 실패하였다. 거기에서 그는 말더듬이에 관한 최종적인 결론은 무언가에 대하여 다음과 같이 믿고 있었다.

① 말더듬이는 기본적으로는 이야기하기 위해서 필요한 복잡한 혀의 움직임의 타이밍에 관하여 약간의 지연과 분열(붕괴)이 중심이 되고 있는 신경과 근육에 관한 장해이다.

② 통상 이러한 지연은 자동적으로 발성되는 말의 반복이나 지연으로서 나타난다.

③ 말을 더듬는 아이들에게는 정상아가 가지고 있는 유전이나 아직 알려지지 않은 뇌의 병변을 보다 높은 비율로 가지고 있다.

④ 말더듬이 시작한 대부분의 아이들은 성장함에 따라서 또는 신경근육 운동의 지연이나 발음의 반복을 신경 쓰지 않고 또는 이것으로부터 피하려고 하지 않는 것에 따라 유창하게 이야기

할 수 있게 된다.

⑤ 말더듬이 때문에 욕구 불만이 되거나 말더듬이는 자신의 발음의 방법이 나쁘기 때문이라고 고민을 하여 지금부터 하려고 하는 말더듬이는 그 치료법이 어떤 것이 있어도 일생 동안 말을 더듬는 것은 계속 될 것이다.

⑥ 이 말을 더듬는 것을 걱정하여 이를 피하려고 하는 행동이 반복 할수록 더욱 더 낫기 어려운 것으로 바뀌어간다.

⑦ 완고한 말더듬이의 치료의 목적(최종 도달점)은 유창하지 않은 발화를 감소시키는 것도 전혀 말더듬이를 없게 하는 것도 아니다.

⑧ 유창성을 높이는 방법은 말더듬이가 스트레스가 없이 자유롭게 이야기할 수 있는 상황에서는 가끔 용이하게 할 수 있다. 그러나 이것을 지속시키는 것은 불가능하다.

⑨ 말더듬이는 벌써 자신의 발화가 유창하지 않은 것을 알고 있다. 말더듬이가 모르는 것은 왜 자신은 말을 더듬으면서 말하는 것이다.

⑩ 말더듬이에게는 말을 더듬지 않고서 이야기하는 능력을 충분히 몸에 익힐 수 있는데 말을 더듬는 이유를 가르치지 않으면 안 된다.

30 세로토닌 신경의 단련으로 말더듬은 반드시 교정된다

■ 라이퍼가 미국의 그룹 NSP의 기관지 「Letting Go」에 보낸 마지막 메시지.

1991년 4월 스스로의 임종의 가까운 것을 깨달은 라이퍼가 NSP 기관지 「Letting Go」에 다음과 같은 마지막 메시지를 보냈다. 「나는 이번에 심장 장해 때문에 주치의로부터 남겨진 시간에 신변 정리를 하라는 제안을 받고 그 일을 정리했습니다.

그러나 하다가 남기고 있는 것이 하나 있습니다. 나는 오랜 세월 친하게 지내 온 이 뉴스레터 「Letting Go」이라면 그것을 정리하는데 한 역할로 사 줄 것이라고 생각합니다. 나는 죽기 전에 아무래도 85년의 인생으로 말더듬이에 관해서 내가 배운 것을 많은 말더듬이에게 전해 주고 싶습니다.

나는 지금까지 수천 명 이라고 하는 말더듬이를 만나면서 많은 연구에 관여하면서 말더듬이의 책을 출판하거나 많은 기사를 썼습니다. 중요한 것은 나 자신이 이전까지 쭉 말을 더듬고 있다고 하는 것이며 또 나 자신 리듬컨트롤, 긴장이 풀리는 효과, 슬로우 스피치에 호흡법, 정신 분석이나 최면술에 이르기까지 거의 모든 말더듬이 치료를 경험하여 왔습니다.

그러나 모두 그 성과를 보지 못하고 일시적으로 유창함을 되찾았다고 생각하면 곧바로 퇴보하기도 했다. 그런데도 지금은 말을 더듬어도 거의 알지 못할 정도로 유창하게 이야기할 수 있게 되었습니다. 나의 인생이 매우 행복하고 성공으로 가득 차게 된 것은 어느 기본적인 생각과의 만남의 덕분이었습니다. 그것을 부디 여러분에게 소개해 두고 싶었습니다」

제 1 장 말더듬의 교정에 대한 역사적 변천사

■ 어느 말더듬이의 문제제기에 대한 라이파로 부터의 답신

「고치는 노력의 부정」의 문제 제기를 하신 당신의 편지를 실로 즐겁게 읽었습니다. 그 생각에 찬성하느냐의 질문에 나는 분명히 「예스」라고 대답합니다. 성인이 되어도 매우 심하게 말을 더듬는 말더듬이는 온 세상의 어떤 방법을 사용하여도 거의 낫을 수 없다고 나는 확신하고 있습니다. 먼 옛 부터 있는 이 말더듬이의 문제를 나는 오랜 세월 연구해 왔습니다. 자신의 말더듬이는 물론이거니와 수천 명의 말더듬이를 진찰해 왔습니다. 보도 기관을 통하여 다양한 치료 방법이 공표될 때마다 그 중의 하나 정도는 진짜가 있을 것이라고 기대하여 검토도 해 왔습니다. 그러나 그것들은 언제나 아이에 관한 것으로 폴로 업으로의 체크가 부정확하기도 했습니다. 이러한 증세 중에서 우리들의 말더듬이는 아마 일평생 말더듬이로 보내지 않으면 안 될 것이라는 사실을 인정할 필요가 생겼습니다. 천식이나 심장병을 앓고 있는 사람이 그 치료가 어렵다고 하는 사실을 받아들이고 있는 것과 같이 우리도 그 사실을 받아들이지 않으면 안 됩니다.

그리고 우리가 그 사실을 받아들이는 것과 동시에 말더듬이를 꺼려야 할 불행한 것이 아니고, 하나의 생각하지 않으면 안 되는 문제로서 이해하고 받아 들여 주는 사람을 늘리기 위하여 말더듬이 자신이 사회에 계몽 하는 것이 필요합니다.

그러나 말더듬이는 언젠가는 이야기할 수 있다고 하는 소망을 버리지는 마십시오. 커뮤니케이션에 전혀 지장을 일으키지 않고, 마음 편하고 부드럽게 말을 더듬을 수가 있습니다. 그러기 위해서는 우선 향후도 말더듬이 계속될 것이라고 하는 사실을 받아들이는 것입니다. 그리고 불필요하게 힘주거나 하지 않고, 잘 더

32 세로토닌 신경의 단련으로 말더듬은 반드시 교정된다

듬으려면 어떻게 하면 좋은가를 습득하는 것입니다. 서슴지 않고 말을 더듬어 보는 용기가 있으면 어떤 말더듬이라도 할 수 있는 것입니다」

제 2 장 말을 더듬는 원인

 유사 이래 말더듬의 원인탐구의 시도는 집요하게 계속되어 왔지만 유감스럽게도 현재 까지도 불명하다고 하지 않을 수 없다.
 옛날에는 구약성서의 기사에도 그것을 시사하는 개소가 보이지만 Demosthenes(BC 384-322)의 역사는 많은 사람들이 알고 있는 주지의 사실이다. 현재에도 말더듬이의 콤플렉스가 별명으로 데모스테네스 콤플렉스라고 말 할 정도이다. 여기서는 병인탐구의 역사를 개론하고 특히 현대에 있어서 탐구의 경위에 관하여 그 특징을 살펴봅시다.
 말더듬연구가 참된 의미로 과학적이고 또한 조직적으로 개시한 것은 1920년대로 미국에서 시작된 것으로 보아도 좋을 것이다. 말더듬연구의 시작은 말 할 것도 없이 유럽이지만 연구역사상으로 부터 보면 옛날은 아니지만 집중적으로 많은 연구는 미국이고, 그 전통은 현재까지 계속되고 있다.
 그 이전에 유럽에서는 어느 특정분야로 예를 들면 이비인후과나 음성학, 농아교육 등의 분야에서 독지가에 의하여 조금씩 계속적으로 이어왔던 상황이라고 말 할 수 있다.

1. 학술적인 병인론(etiology) 탐구의 역사
 주로 1930년대 이후 미국에 있어서 연구사의 개요에 관하여 살펴봅시다. Van Riper에 의하면 금세기 30년대는 특히 아이오와 대학에서 많은 실험이 행하여 졌다. 거기에서 Travis, E .L 나 그의 제자는 오-톤의 생각이나 또는 그 이전에 몇 사람의 독일이나 영국의 연구자의 생각을 시초로 하는 대뇌반구 우위지배설(大腦半球 優位支配說)에 기초하여 많은 연구를 발표하였다. 그 학설은 그 당시에 가장 강한 영향을 남겼다. 대체로 같은 무렵에 Wisconsin 대학의 West, R은 성별, 말더듬에 관한 유전인자, 생화학적 차이, 취약한 협응운동(協応運動)이나 난화증이라고 하는 개념을 도입하여 말더듬이의 특성을 설명하였다.

이러한 대뇌반구 우위지배설이나 난화증(難話症)이론에 따라서 객관적 태도(objective attitude)라고 하는 치료개념이 주장되었다. 이것은 자기 자신을 알고 자기를 수용하는 정신위생의 개념을 주창한 blantons, M. G 의 영향이라고 생각한다. 1932년에 부링겔손이나 트래비스의 제자인 Van Riper는 말더듬을 행동의 통합부전(通合不全)이라고 보고 유창성의 파괴의 산물이라고 생각하는 이론에 도전하였다. 그에 의하면 말더듬은 극히 통합된 행동이고 학습경과의 결과이다. 스피치의 흐름 속에서 일어나는 중단에 대하는 예기나 경험에 대한 학습된 반응으로 말더듬을 파악하였다.

1934년 트래비스 제자의 한 사람인 Johnson, W 는 소인설(素因說)에 반대하고 Korzybski, A에 의하여 영향을 받은 일반 의미론의 원리를 말더듬에 적용하기 시작하여 감각적 재훈련을 통하여 정상적인 비유창성(非流暢性)의 방향에 말더듬 증상을 수정하려고 하는 치료법을 발전 시켰다. 그에 의하면 말더듬은 양친이나 가까운 사람에 의하여 어린이가 나타내는 유창성이 부족한 말하는 사람에 대하여 잘못된 라벨이 붙여진 것에 의하여 시작된 학습과정의 산물이라고 생각된다. 그의 치료중심은 자기와의 대결, 증상에 대한 현실적 평가의 훈련, 말더듬에 대한 객관적 태도, 의미론적 이완, bounce법, 긴장하의 발화량(發話量)의 증대에 있다. 한편 정신 분석의사나 정신과 의사 중에는 말더듬을 신경증으로 파악하려고 하는 영국의 스타인, 미국의 coriat, I.

H, cooper, C. A, solomon, M , barbara, D. A 등 이다.

　Johnson과 스펜스의 영향을 받아서 wischner, G. J는 특히 엘 대학의 Hull, C. L의 조건과 학습이론을 말더듬에 적용하여 성과를 올렸다. 말더듬을 자발적(operant) 반응행동으로 보는 학습이론의 입장은 Shames, G. H , Sherrick, C. E, Goldiamond, I 그리고 Flanagan, B 등에 의하여 대표된다. 접근회피갈등설(接近回避葛藤說)은 Sheehan, J. G 에 의하여 발전되어 왔다.

　심리요법과 언어요법은 말더듬이의 갈등과 관계가 되는 공포나 회피경향을 제거한다고 하는 일반적 목표에 대하는 2가지의 길이라고 생각된다. Brutten, E. J 와 Shoemaker, D. J는 조건붙여진 부정적 감정이나 도구적 제행동의 쌍방을 은폐하는 말더듬의 수정법(修正法)에 마우라-의 2요인 학습설을 적용하였다.

　현재 미국에서 치료연구의 문제점으로 지적된 점은 다음과 같다.

① 실험적 치료의 통일된 프로그램이 없다.
② 치료훈련센터 상호간에 커뮤니케이션이 결여되어 있다.
③ 말더듬에 관한 추적조사 Follow Up이 거의 이루어 지지 않고 있다.
④ 치료효과를 평가하는 기준이 구체화되어 있지 않다.
⑤ 치료법을 실험하고 있는 연구자는 고립되어 있다.
　금후의 말더듬의 치료연구에 필요한 것은 암이나 성인병의 연구로 현재 실시하고 있는 것과 같이 강력한 후원 조직이 있는 팀 접근이다.

　이상이 Sheehan, J. G 의 설명을 통하여 1930년대로 부터 현재에 이르는 말더듬 연구의 발전경과에 관하여 극히 개괄적으로 볼 수 있는 결과 이다.

2. 학술적인 병인론(炳因論)의 흐름

Van Riper에 의하면 종래 여러 가지의 입장에서 논해온 말더듬에 관한 병인론(etiology)을 대별하면 3가지 입장에서 구분된다. 정리하여 기술한 관계상 여기에 의하면 소인론(素因論), 환경론(environmental theories) 및 신경증론(neurosis theories)로 된다. 각각의 이론에서도 각종의 입장이 포함되어 있지만 소인론(constitutional theories))은 말더듬의 원인을 말더듬이 측에서 찾는 사고방식의 총칭이다. 신경학상의 상위나 생화학적 차이 등의 시점은 다양하다. 환경론은 개채조건에 의한 환경 측에 초점을 맞추는 입장에서 환경에서 말더듬을 형성한다고 생각하는 학습론이다. 학습의 프로세스에 관한 견해는 하나하나 같지 않다. 여기에서도 여러 가지 시점의 상위가 보이지만 개체조건으로는 말더듬이와 비말더듬이에 상위를 인정하지 않은 점에서 공통이다. 신경론은 주로 정신분석학적 시점에서 생기는 이론으로 말더듬을 무의식의 신경증적요구의 어느 종류의 어느 타입이라고 보는 입장이다. 표현은 다르지만 Bloodstein, O 도 또 같은 대분류로 정리하고 있다. 즉 붕궤(崩潰)이론 , 억압(抑壓)이론, 예기갈등(豫期葛藤) 이론이다.

가. 소인론(constitutional theories 素因論)

말더듬이 기본적으로 기질적 장애라고 하는 가설에 근거하고 있는 이 이론에서는 옛날에는 고대 그리스의 철학자인 아리스토텔레스(B. C.384~B. C.322)가 말더듬을 혀에 문제가 있다고 생각한 원시적인 입장에서 뇌 신경학적 입장에 이르기 까지는 여러 가지이다. 적어도 최근의 소인론에서는 장해가 유전적 경성(傾性)(hereditary predisposition)과 환경적 조장인자와의 결합에 의하여 생긴다고 하는 가정을 전제로 하고 있는 일종의 경성설(predisposition theory)이라고 말 할 수 있다. 이와 같이 언어가 붕괴되기 쉬운 내부적 경성을 난화증이라고 부르고 이와 같은 경향을 나타내는 사람들에게 질병, 감정적 혼란 외에 유아기에 보이는 사고나 환경적 변동에 의한 쇼크 등이 조장요인으로 부가되면 말더듬 증상을 야기한다고 생각한다.

나. 환경론(環境論) 또는 학습론(學習論)

이 입장은 말을 더듬는 사람과 정상인은 기질적으로는 아무런 차이가 없다는 전제하에서 말더듬은 환경면에서 여러 가지 방법에서 학습된다고 생각하는 일련의 학설을 총칭하는 것이다.

다. 신경증론(神經症論)

말더듬을 신경증의 일종으로 생각하는 학설의 총칭으로 각각의 학설은 반드시 같지는 않다. 제일먼저 어떤 신경증인가? 그 종류는 무엇인가라고 하는 문제에 관해서도 여러 가지가 있다.
신경증적 행동에는 일반적으로 3가지의 특징이 있다.

불쾌감, 그 감정을 받아 드릴 수 없다고 하는 것과 표출된 증후이다. 성인 신경증에서는 이러한 것을 모두 충족하지만 유아의 말더듬이는 그 중의 하나만을 충족하는 것과 전혀 해당이 없는 경우가 있어 일정하지가 않다. 따라서 모든 말더듬이는 신경증적인 문제가 제기된다. 혹은 말더듬은 1차성 신경증이나 2차성 신경증이라고 하는 문제도 있다. 전자의 입장에서 보는 말더듬의 원인은 신경증이라고 볼 수 있지만 앞에서 설명한 것과 같이 어린이 말더듬에서는 오히려 신경증에 해당하는 조건에는 그렇게 많지 않다. 그 중에는 신경성 버릇을 가지고 있는 유아도 보인다는 것은 사실이다. 성인의 말더듬이 중에는 신경성의 조건을 충족하는 증례가 다수 보이는 것은 말더듬 행동에 수반하여 생기는 2차성 신경증이라고 생각하는 쪽이 보다 타당하다고 생각된다.

3. 뇌기능의 이상

뇌 과학의 진전으로 말더듬이의 뇌기능에 어떠한 문제가 있는 것은 아닐까 라고 하는 지적은 1930년대에는 이미 전술의 Travis에 의해서 행해지고 있다(Travis, 1978).

그러나 뇌의 동적인 활동 상태를 파악하는 것은 근년이 될 때까지 지극히 곤란한 작업이며, 그 검증을 실시하는 것은 오랫동안 불가능했다. 그것이 1980년대 이후 PET(포지티브 트론 단층법), fMRI(기능적핵자기 공명 화상), MEG(뇌자도), NIRS(근적외 분광법)등의 뇌의 동적인 활동 상태를 파악 가능한 수법이 개발되게 되어 말더듬이의 뇌의 동적인 활동 상태의 해명을 지향한 연구도 차례차례로 실시되게 되었다. 그래서 MRI로 정상인과 말더듬이의 뇌를 촬영한 결과는 사진(2-1)과 같이 정상인과 말더듬이의 뇌를 비교한 결과 정상인은 청각들이 활발하게 작동하고 있다는 것을 알 수 있다. 그러나 이것은 저자의 사견으로는 말을 더듬는 결과로 변화된 것이지 원인은 아니라고 생각한다.

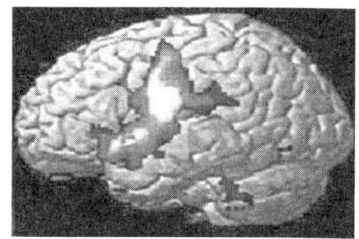 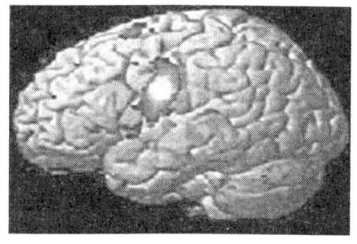

사진 2-1 정상인(좌)과 말더듬이(우)의 뇌 사진

또 이러한 연구 결과를 근거로 하여 말더듬이의 뇌의 메커니즘의 특징을 따라가는 개인의 논고가 발표되고 있다. 예를 들면 Ingham는 말더듬이의 발화시의 대뇌의 활동에 어떠한 문제가 관여하고 있는 것은 아닐까 라고 하는 가설을 제창하고 있다(Ingham, 2001).

또 Logan는 신경학, 행동과학, 정동의 3자의 상호작용이 말더듬의 진전에 관여하고 있다고 지적하고 있다. 즉 말더듬이 출현할 때에 누적되는 고전적인 부의 학습은 말더듬이의 대뇌변연계(편도나 해마 등)의 조직 내의 신경전달물질인 도파민의 과잉 상태를 가져와 도파민의 과잉 상태 등이 긴장을 수반한다고 하는 가설을 제창하고 있다(Logan, 1999). Alm나 Ludlow등도 말더듬이의 대뇌변연계(大腦邊緣系) 등에 일어나는 말더듬의 출현 시의 도파민의 과잉 상태에 주목해, 같은 도파민 분비의 문제를 수반하는 운동장해인 파킨슨병이나 토우렛 증후군이라는 비교를 통하여, 말더듬이의 출현과 도파민 분비의 과잉, 편도·피각·흑질 등과의 관계에 대해 논하고 있다(Alm, 2004; Ludlow등, 2003). 이러한 논고에서는 연구 사이에 꽤 다른 견해가 나타나고 있지만 적어도 말더듬이의 뇌기능이 더듬지 않는 사람과는 다른 특징을 가지고 있어 그것이 언어나 운동 등의 한정된 영역의 문제가 아니고, 대뇌 반구와 대뇌변연계나 소뇌, 피껍질 등의 여러 가지 뇌의 영역에 걸치는 문제라고 시사되고 있는 것은 주목할 만하다.

4. 완치된 경험자가 주장하는 예상원인

현재까지 학술적으로는 말더듬의 원인을 규명하지 못하였기 때문에 교정법도 사람에 따라서 많은 차이를 보이고 있는 실정에 있습니다. 그래서 여기에서는 완치된 경험자가 주장한고 있는 원인에 대하여 소개 하려고 합니다.

40 세로토닌 신경의 단련으로 말더듬은 반드시 교정된다

가. 어린이는 모두 말을 더듬는 경향을 가지고 있다.

　말을 더듬는 증상이 가장 나오기 쉬운 것은 3세부터 5세 정도의 사이 이다. 왜 이 시기에 말을 더듬기 쉬운지를 조금 생각해 봅시다. [응애]하고 태어난 어린이는 소리는 내지만 말은 하지 못합니다. 어린이가 말 같은 것을 하려면 3개월이 지나고부터 이다. 소위 젖먹이가 재잘거리는 시기로 입을 우물우물 움직여도 어른에게는 의미가 알 수 없는 소리를 입으로부터 나오게 된다. 10개월 전후가 되면 텔레비전의 음악에 반응하거나 어머니의 말을 반복하는 모방시기에 들어간다. 그러나 아직 말의 음과 의미가 연결되지 않는다. 그것이 조금씩 일치하는 것은 1세를 지난 시기부터 이다.

　[마마]하고 신변의 것을 말을 내서 하기 시작한다. 그리하여 점차적으로 말을 기억하기 시작하지만 유아기는 아직 뇌의 언어중추나 실재로 말을 하는 운동기관으로 작용하는 조직이 미숙하다. 그 때문에 말도 더듬거리거나 말이 틀리거나 실패하기도 한다. 말을 기억하는 도중의 어린이들은 다소 이와 같이 더듬는 경향이 있으므로 이 시기의 어린이가 말을 더듬는지 그렇지 않은지를 판별하는 것은 어려운 것이다. 이러한 말을 습득하는 프로세스는 말하는 패턴을 몸에 기억시키는 프로세스도 있다. 유아기의 어린이는 말을 기억함으로써 대뇌를 자극하여 말하는 기능을 자각시키면서 호흡기관이나 발음, 발성기관에 말하는 패턴을 고정시켜 갑니다. 그때에 좋은 패턴이 몸에 습관화가 되는지 그렇지 않는지가 말을 더듬는지 그렇지 않는지의 갈림길이다. 만약 이 시기에 어떤 계기로 잘못된 말하는 패턴이 몸에 배면 그대로 말더듬이 고정화되어 버리는 것이다. 3-4세 때에 말을 더듬는 어린이가 많은 것은 이 때문이다.

나. 말을 더듬는다고 듣고부터 더듬기 시작한다.

어린이 말더듬이는 스트레스나 정서불안으로부터 오는 경우가 많다. 특히 주의해야 할 것은 말을 기억하는 한창 때에 있는 어린이와의 접하는 방법이다. 이 시기의 어린이는 앞에서 설명한 것과 같이 더듬거리면서 말이 막히는 경우가 자주 있지만 언어중추나 말하는 기능이 발달되지 않았으므로 유창하게 말 할 수 없는 것은 당연한 것이다.

그것을 하나하나 어머니가 [그렇게 하지 말고 이렇게 말 하라]라고 다시 말하면서 꾸짖거나 하면 어린이는 말하는 것에 자신을 잃고 강한 긴장감을 기억하게 된다. 그것이 말하는 패턴을 붕괴시키는 원인이 된다. 어머니로부터 꾸지람을 받는 것도 그렇지만 맞벌이하는 집안의 아이나 부모의 불화, 아버지의 전근 등의 가정환경이나 정신적 스트레스도 크게 영향을 한다. 또 높은 곳으로부터 떨어지거나 부모의 죽음 등 강한 쇼크가 도화선이 되어 그대로 말더듬이 몸에 배어버리는 경우도 있다. 초등학교 입학 전 어린이의 5%가 말을 더듬는다고 하지만 어린이 시절에 더듬는 경향이 대개는 성장하면서 자연히 치료된다. 성인이 될 때까지 말을 더듬는 것을 가져오는 사람은 전체의 1.8%정도에 지나지 않는다. 말을 더듬는 것이 자연히 치료되는 어린이와 고정화되어 치료되지 않은 어린이와 서로 다른 원인은 무엇인가? 그것은 주위의 반응이다.

[말더듬이라고 진단 받고 나서부터 말을 더듬기 시작한다]라고 하는 Wendell Johnson박사의 말을 생각해 보십시오. 어머니나 주위에 있는 성인이 말을 더듬는다고 생각 할 때부터 어린이의 말더듬이 실제모습으로 되는 것이다. [이 어린이는 말을 더듬는다]라고 주위사람이 생각하면 어린이 자신도 [나는 말을 더듬는다]라고 믿고 걱정하게 된다. 그것이 말더듬이를 고정화하는 가장 큰 요인이다. 그러므로 어머니는 어린이가 다소 더듬거나 말이 나오지 않아도 대범

42 세로토닌 신경의 단련으로 말더듬은 반드시 교정된다

하고 차분하게 이야기를 들어 주십시오. 그래서 자신을 갖게 해 주십시오. 그것이 말더듬이의 고정화를 방지하는 최선의 길입니다.

다. 몸 안의 상승기류에 기인한다.

만약 이 책을 읽고 있는 당신이 말더듬이라면 대화중에 얼굴을 거울에 비쳐 보십시오. 입이 뾰족하지 않습니까?

말더듬이는 이야기 하는 경우에 대체로 왜 입이 뾰족하게 되는 것일까요. 그것은 체내에서 올라오는 상승기류의 압력에 눌려서 발음근육의 에너지가 날카로워진 방향(전방)으로 향하기 때문이다. 지구에는 중력이 있으므로 지구상에 살고 있는 우리들은 모두 이 중력에 지배를 받으면서 살고 있다. 말하는 것도 이와 같이 중력이라고 하는 하향하는 에너지 속에서 말을 하게 되면 횡격막이나 호흡근육, 성대, 발성기관(목이나 입술, 혀 등)이 균형 있게 작용하게 된다.

그렇지만 말더듬이는 밑에서 올라오는 상승기류 때문에 이러한 균형이 깨진다. 그래서 말하는 기관이 불완전하게 되어 음성이 잘 나오지 않게 된다. 여기에서 상승기류란 무엇이지 간단히 설명하면 다음과 같다. 말더듬이 아닌 정상인은 보통 복식호흡을 하고 있다. 복식호흡이라고 하는 것은 배 속에 까지 깊게 숨을 들어 마시는 이상적인 호흡이다.

좌선이나 요가에서는 이 복식호흡의 습득이 수행의 제일보라고 할 정도로 중요한 것이다. 복식호흡의 요점이 되는 것은 배에 있는 횡격막이라고 하는 막의 움직임이다. 횡격막은 흉강과 복강을 구분 짓는 두께가 10mm정도의 근육성의 막으로 이 막이 상하로 움직임에 따라서 호흡을 하거나 소리를 내거나 하는 것이다. 그래서 그 움직임을 지배하고 있는 것이 목에서 횡격막까지

수직으로 놓여있는 2개의 굵은 횡격신경이다. 이 횡격신경의 신축에 의하여 횡격막이 상하로 움직여서 복식호흡, 복식발성이 되는 것이다. 그렇지만 놀라거나 긴장을 하게 되면 이 횡격신경이 순간적으로 축소된다. 그래서 그림(2-1)과 같이 횡격막이 위로 올라가면서 여기에 위로 향하는 에너지가 생긴다. 이 양력(상승기류)이 호흡을 저해하여 말을 막히게 합니다.

　이러한 메커니즘은 추후에 설명하겠지만 말더듬이는 이러한 상승기류가 항상 일어나 횡격막이 위로 올라간 상태가 고정화되어 버리는 것이다. 그 때문에 말을 하는 경우에 작용하는 호흡근육이나 성대, 발성근육 등의 말하는 조직의 기능이 불완전하게 된다. 그리고 한편의 적면, 시선불안 증상은 어떤가요?

　나는 말더듬이의 교정방법을 검토하는 중에 횡격신경이 인간의 감성이나 정서에 깊게 관여하는 신경이라는 것에 주목 하였습니다. 적면, 시선불안 증상도 심리작용이나 정신작용이 크게 관여하고 있다. [잘 되지 않기 때문에 부끄럽다] [실패하면 돌이킬 수 없다]----이러한 동요하는 마음이나 강박관념이 더해져서 초기의 적면이나 시선불안 증상이 생기게 된다.

　결국 적면이나 시선불안 증상인 사람은 항상 횡격신경이 줄어들기 쉬운 상태가 된다. 이러한 것은 상승기류가 생겨서 횡격막이 위로 오르기 쉽게 된다. 말더듬이와 완전히 원인은 같고 다른 것은 그 표출의 방법이다. 말더듬이에게 상승에너지의 피해는 말하는 기능의 장해라는 형식으로 나타난다. 그렇지만 적면, 시선불안 증상은 그것이 자율신경이나 순환기관, 감성기관에 나타난다.

44 세로토닌 신경의 단련으로 말더듬은 반드시 교정된다

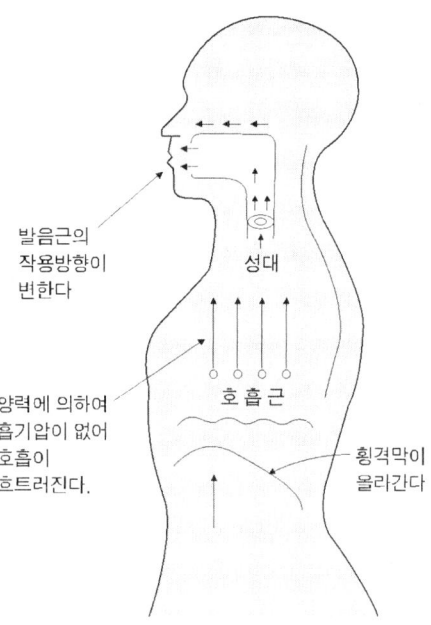

그림2-1 긴장시의 체내 에너지의 역전 상태

그래서 얼굴이 붉어지고, 땀이 나고, 동계가 심하고, 수족이 흔들리거나 입에 침이 마르는 다양한 증상이 나타난다.

예를 들면 얼굴이 붉어지는 것은 체내의 상승기류에 의하여 혈액이 밀어 올라가 얼굴에 모이기 때문이다. 그것은 또 동시에 자율신경을 실조 시키는 원인으로도 된다. 이와 같이 말더듬이와 적면, 시선불안, 자율신경실조증상은 같은 뿌리에서 파생된 같은 종류의 장해이다.

라. 다른 사람의 흉내, 감염, 정서불안

말더듬이 병이 아니고 버릇이라면 내가 다른 사람의 흉내를

내고 말더듬이 되는 것과 같이 습관이 되는 계기가 반드시 있게 마련이다. 나는 말을 더듬는 것을 상담하러 오는 사람에게 시간을 내서 카운슬링을 한다. 차분하게 지금까지의 고민이나 괴로움을 듣는다. 이 책을 읽은 여러분은 이해를 하시겠지만 말을 더듬는 사람의 기분은 말더듬이 아니면 알 수가 없습니다. 많은 말더듬이가 지금까지 고민을 누구에게도 말하지 못하고 가슴속에 감추면서 생활하여 왔습니다. 그 고뇌의 깊이는 보통으로 말 할 수 있는 사람에게는 생각 할 수도 없다. 나는 그것을 될 수 있으면 들어 왔습니다. 이해를 할 수 있는 사람이 한 사람이라도 있으면 말을 더듬는 사람에게는 큰 격려가 되기 때문이다.

물론 말은 더듬거리면서 실패를 하지만 가슴속에 있는 말을 하게 되면 대부분의 사람은 표정이 몰라보게 밝아진다. 혼자서 안고 있는 무거운 짐이 가볍게 되어 나을지 모르겠다는 희망이 보여 오기 때문이겠지요. 지금까지 나는 수많은 말더듬이를 만나서 상담을 하면서 그 이야기를 듣는 중에 말더듬이에게는 몇 가지 공통점이 있다는 것을 알게 되었습니다. 그 중의 하나가 말더듬이가 된 계기이다. 재미있는 것은 어느 사람도 비슷한 계기로 말을 더듬게 되는 것이다. 그것은 다음의 3가지로 집약된다.

첫째는 [다른 사람의 흉내] 이다.
재미있게 흉내를 내는 중에 몸이 그 버릇을 기억해 버려 버릇이 되어 그것이 고정화되어 버리는 것이다. 그래서 한번 붙은 버릇은 좀처럼 없어지지 않습니다. 초등학교 때에 말을 더듬는 것을 흉내를 내서 본인도 말더듬이가 된 친구가 있었습니다.
시작은 그저 약간의 호기심이었지만 그것이 중대한 결과를 초래 하게 되었습니다. 다른 사람을 흉내를 내다가 말더듬이가 된

46 세로토닌 신경의 단련으로 말더듬은 반드시 교정된다

경우는 말더듬이의 2-3%을 점하고 있다.

둘째는 감염 즉 다른 사람으로부터 옮기는 말더듬이 이다.
어린이는 부모나 이웃한 사람의 말투를 모방하면서 자란다. 그러므로 부모나 형제에게 말더듬이가 있으면 그의 말투는 사람이 모르는 사이에 몸에 붙게 된다. 말더듬이에 한하지 않고 말투가 아주 비슷한 부자나 형제가 있는 것과 같다. 극단적인 경우이지만 아버지가 말더듬이므로 어린이가 모두 말을 더듬는 가정이 있다. 그의 어머니로부터 [우리 집은 말더듬이 집안 입니까?]라고 상담을 받는 경우도 있다. 확실히 감염은 유전과 오인 당하기 쉽지만 말더듬이는 선천적인 장해가 아니고 유전도 아니다. 또 감염이 다른 사람을 흉내를 내는 것과 다른 것은 감염이 무의식 중에 스며드는 점이다.

세 번째는 정서불안으로 깜짝 놀라거나 긴장을 하면 평소에 말을 더듬지 않은 사람도 순간적으로 가슴이 답답해 져서 말이 나오지 않게 된다. 말더듬이는 이러한 상태가 항상 계속된다고 생각 할 수 있다. 특히 어린이의 경우에는 강한 쇼크나 긴장, 불안, 정신적인 스트레스를 받으면 그것을 계기로 언어가 매끄럽게 나오지 않게 된다. 높은 계단에서 떨어지거나 수영하다가 물에 빠져서 호흡을 실조하는 계기로 말을 더듬는 사람도 있다. 또 자주 있는 것이 언어에 대한 긴장이다. 유아기의 어린이는 말을 더듬거리거나 잘못을 하면서 발어의 패턴을 습득해 갑니다. 그 중간에 모친이 심하게 말 하는 것을 주의를 주거나 꾸짖을 경우에 말하는 것에 대하여 강한 불안감, 긴장감을 갖게 된다. 이것이 말을 더듬는 버릇을 갖게 하는 계기가 되어 버리는 것이다.

마. 말을 더듬는 사람의 신체적 메커니즘

먼저 우리는 상대방의 말하는 내용을 듣고 그 의미를 이해 한 후에 말 하려고 하는 내용을 두뇌로 생각을 한다. 그리고 나서 말을 하려고 하는 말을 만들지만 여기 까지는 뇌의 감각성 언어중추로 하게 된다. 이것을 말로 표현하기 위해서는 운동성 언어중추가 작용하게 된다. 이러한 중추의 지시에 의하여 호흡기를 시작으로 하는 발화조직이 작동하게 된다. 발화조직이란 발성근육(횡격막), 호흡근, 성대, 발음근육(혀, 입술, 턱 등)입니다. 이들이 호흡이라고 하는 강한 공기의 에너지에 의하여 움직여서 소리가 나게 된다. "아", "우" 하고 소리를 내기 위해서는 몸 안에 있는 공기가 목을 통하여 밖으로 흐르는 것을 알 수 있습니다. 목에는 성대가 있고 여기에 작은 성문이라고 하는 구멍이 열려 있어 여기에 공기가 통과하게 되면 성대가 울려서 소리가 나는 것 입니다. 그런데 공기가 성문을 통과하기 위해서는 성문의 아래 압력이 성문의 위쪽 압력보다 커야 압력 차이에 의하여 공기가 성문을 빠져 나가면서 소리를 낼 수가 있다.

이러한 발성의 구조는 그림(2-2)과 같이 분수에서 물이 분출되는 것과 같이 수압이 높을수록 물이 높게 분출되는 것과 같이 발성도 성문 아래쪽의 압력이 높을수록 활력이 있는 소리가 안정되게 나올 수가 있다. 그렇지만 말더듬이는 이러한 성문의 압력이 높지도 않을 뿐만 아니라 압력이 일정하지 않아 소리를 내기가 어렵게 된다. 그래도 소리를 내려고 하여도 몸 안의 공기가 없으므로 성문의 아래쪽의 압력이 저하되어 점점 소리를 내기가 어렵게 되면서 가슴이나 목이 압박되어 조여 지므로 말더듬이가 말을 더듬는 경우에 느끼는 고통을 느끼게 된다.

정상적인 사람은 횡격신경이 탄력이 있어 숨을 들어 마시면 횡격막을 훨씬 아래로 내릴 수 있기 때문에 충분하게 숨을 들어 마실 수가 있다. 그렇지만 말더듬이는 횡격신경이 긴장하여 횡격막이 위로 올라간다. 정상적인 사람도 크게 놀라거나 강한 충격을 받으면 횡격신경이 경직이 되어 횡격막이 올라가게 되어 호흡이 고통스럽게 되지만 말더듬이는 그러한 상태가 계속되게 된다. 그 때문에 중력과는 역 상승 에너지가 발생하여 공기가 편하게 들어 마실 수가 없어 호흡압력, 성문아래의 압력이 낮아지므로 이것을 보완하기 위하여 발음근육, 즉 입술과 혀에 무리한 힘이 들어가게 되어 말을 할 수가 없게 되므로 입 주위가 경직이 되어 말이 부드럽게 나오지 못하게 된다. 이러한 일련의 몸의 반응이 유형화되고 버릇이 되어 몸에 습관화 된 것이 말더듬이가 된다. 이러한 버릇은 횡격신경 → 횡격막 → 호흡근육 → 성대 → 발음근육이라는 흐름으로 발화조직 전체가 비뚤어지게 된다.

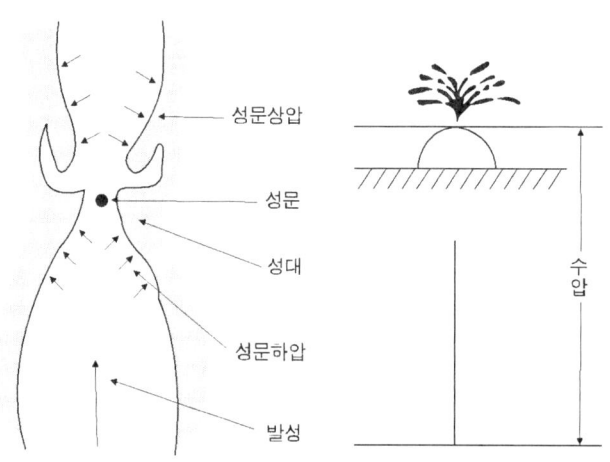

그림 2-2 인간이 소리를 내는 구조

바. 말을 더듬기 쉬운 장면

 말하는 것이 더듬게 되는 상황으로 Johnson은 1961년에 진단원인설에 근거로 하여 다음과 같이 열거하였다.

① 흥분 시
② 급한 이야기.
③ 타인과 언쟁 시
④ 관심이 없는 사람과 대화 시.
⑤ 능력이상의 언어나 습관화 되지 않은 말을 하는 경우.
⑥ 엄한 속박에서 하는 대화.
⑦ 놀라움, 부끄러움,
⑧ 말투에 관하여 높은 기준을 가지고 완벽을 요구하는 사람과 이야기 하는 경우.

 임상경험에서도 어린이가 유치원이나 학교에서 집에 뛰어와서 어머니에게 그날에 발생한 일을 보고하거나, 어머니가 급해서 충분히 상대를 해 주지 않은 상태가 계속된 후에 자주 더듬게 된다는 보고가 많다. 또 친구와 놀고 있는 경우에는 그렇지는 않지만 어머니와 이야기하는 경우에 더듬는 것이 눈에 띄게 되는 예도 있다. 말을 더듬는 것에 주의나 정정을 받는 것과 같은 간섭을 하는 사람과 대화 시에는 보다 많이 더듬게 된다.
 또한 싸우면서 숨도 쉬지 않고 급하게 말하는 경우에는 반대로 유창하게 말하는 경우도 있다는 보고가 있다. [주의전환]에도 관계가 있지만 흥분이나 긴장이 있는지 없는지가 아니라 그 세기가 더듬는 것과 간계가 있다. 그리고 성인의 경우에 1950년에 Bloodstein이 조사한 결과는 다음과 같다.

50 세로토닌 신경의 단련으로 말더듬은 반드시 교정된다

① 전달책임의 정도
② 듣는 사람의 반응 또는 예상 반응.
③ 듣는 사람에게 좋은 인상을 줄 필요성.
④ 주의전환(다른 동작을 하거나 발화행위에서 의식을 다른 데로 돌려서 하는 이야기)의 량, 세기, 성질.
⑤ 암시.
⑥ 신체적 긴장.
⑦ 이야기하는 것이 예정되어 있으므로 실제로 말하는 기간.

노래와 같이 일정한 리듬에 따라서 말을 한다. 농담은 더듬지 않지만 진지한 대화는 더듬는다. 교실에서 낭독이나 발표 순서를 두려운 상태에서 받아드리는 결과는 역시 심하게 더듬게 되는데 갑자기 지명되어 생각할 여유가 없이 말을 하게 되면 의외로 막히지 않은 경우도 있다.

사. 말을 더듬게 되는 고착과정.
1) 과거의 경험에 의하면 지금부터 말을 하려고 하는 단어는 반드시 더듬는 다고 생각하기 때문에 그 단어를 말하는 것을 두려워한다. 결국 일반적인 사람도 누구나 화재나 지진이 발생 시에 말을 할 경우에는 말을 정상적으로 하지 못하고 더듬는 경우가 있다. 모든 사람은 불안한 상태에서 생리적으로 신체 내부가 변화하기 때문이다.

먼저 횡격막이 급히 이완되고, 배의 근육은 작용하지 못하므로 아랫배가 들어가므로 심장은 자율신경의 긴장 때문에 심장의 박동이 심해지면서 숨을 급히 내 뱉게 되므로 호흡이 대단히 흐트러진다. 이렇게 되면 당연히 발음이 잘 되지 않게 되므로 말을 더듬게 된다. 결국 말을 더듬기 때문에 더듬는 것이 아니라 불안

하기 때문에 더듬게 된다.

2) 말을 더듬는 것을 타인에게 알리는 것은 죽기보다 싫기 때문에 모든 수단을 다하여 숨기려고 한다. 아는 것도 모르는체 하거나 다른 말하기 쉬운 말로 바꾸기도 한다. 그러나 자기의 이름이나 회사명 등은 잊었다거나 모른다고 할 수는 없다.

이런 상황에서는 말하기가 싫지만 할 수 없이 말을 하여야 한다. 자신은 말을 하려고 하지만 한편으로는 말하기 싫은 기분이 작용하게 된다. 마치 폭이 좁은 개천을 뛰어 넘을 경우에 실제로는 그 정도의 개천은 쉽게 건널 수도 있지만 만일 떨어지면 죽는다고 생각하면 건너려고 하는 기분과 포기하려고 하는 기분이 작용하여 결국은 건너는 것을 포기하는 것과 같은 경우이다.

말을 할 때에는 포기하려고 하는 마음과 말을 하려고 하는 마음이 서로 갈등을 일으킨다. 그리하여 한편에서는 말을 할 수 없도록 입술이나 성대 등을 닫아버리고, 다른 편에서 말을 하려고 하는 마음은 공기를 보낸다. 그러나 출구가 닫혀 있으므로 공기를 보내면 보낼수록 구강내의 압력이 증가하여 말을 하기가 어렵게 된다.

3) 사람은 누구나 싫은 것으로부터 빨리 도피 하려고 한다. 말을 더듬고 있을 때나 지금 말하는 것은 더듬지나 않을까 하고 생각할 경우에는 한시라도 빨리 도피 하려고 생각하므로 말이 빨라진다. 그러나 말이 빠른 것도 한도가 있기 때문에 그렇게 빨리 할 수는 없는데 말을 더듬는 경우에는 한도를 초과할 정도로 빨리 말을 하려고 한다. 결국 말을 더듬는 다는 것은 말을 대단히 빨리 하려고 하는 병이라고 하여도 과언이 아니다.

5. 말더듬이와 신경성인 사람의 성격

성격의 특징은 소심하고 내향성을 가지면서 향상 발전의욕이나 자기 반성이 심한 사람으로 기본적인 성격특성은 대체로 다음과 같이 4가지로 요약 할 수 있다.

① 자기 내향적, 이지적 및 의식적이다.
장점으로는 거짓이 없고, 반성심이나 책임감이 강한 반면에 자기의 심신의 상태를 너무 빈틈없이 관찰하여 조그마한 약점, 결점을 과대평가하여 열등감을 느껴 관념적인 이상주의에 빠지기 쉽다.

② 집착성이 강하다.
장점으로는 끈기와 인내심이 강한 반면에 매사에 구애 받기 쉽고, 융통성이 없다.

③ 감수성이 강하여 사소한 일에 까지 주의를 기울인다.
장점으로는 다른 사람의 기분을 배려 할줄 아는 반면에 불안이나 고통에 민감하여 쓸데없는 걱정을 한고, 행동은 소극적으로 기회를 놓치는 경우가 많다.

④ 생의 욕망이 강하다.
장점으로는 향상, 완전욕망이 강하고 꼼꼼하여 노력을 아끼지 않는 반면에 완전주의에 빠지기 쉽기 때문에 높은 욕구수준으로부터 자기 혐오감이나 열등감에 빠지기 쉽다. 이러한 증상으로 인하여 갈등이나 고통을 느껴 현실로부터 도피하려고 한다. 그러므로 시험장이나 면접 시에는 불안감으로 실력발휘가 어렵고 자기의 행동에 대하여 자주 후회를 한다.

제 3 장 말더듬이의 교정을 위한 주안점.

　말더듬을 교정하기 위해서는 말더듬이란 무엇인지 이해 할 필요는 있지만 학자가 될 필요는 없다. 말더듬을 교정하는데 가장 적합한 지도자는 자기가 말더듬으로 고통을 느끼면서 자기연구를 한 경험이 있는 사람이라고 말 할 수 있다. 그렇지만 그것만으로도 불충분하고 자기 이외의 많은 말더듬이를 교정한 경험이 있는 사람이 가장 적합하다.

1. 동서양의 교정의 차이점
　서양인은 사물을 독립된 집합체로 보고, 사물을 세분해서 보는 지적전통을 가지고 있다. 그러나 동양은 눈에 보이지 않은 기운이 서로 어울리면서 다양한 사물이 만들어졌기에 인체도 독립된 것이 아니고 소우주와 같이 모두 관련이 되어 있다고 보고 치료를 하고 있다.

　서양 의학과 동양 의학의 큰 차이의 하나는 「호흡」에 대한 인식의 차이입니다. 인도의 요가, 중국의 기공도 결국은 어떤 호흡에 의해서 신체를 바꾸어 가는 귀중한 지혜입니다. 「호흡」을 하지 않으면 「산소」을 도입하지 못하여 질식사하는 것은 누구라도 알고 있습니다. 그만큼에 「호흡」은 인간이 사는데 있어서 빠뜨릴 수 없는 기능과 동시에 「호흡」은 다른 신체의 기능과는 완전히 다른 성질을 가지고 있습니다. 심장이나 위장의 기능은 자신의 의지로 자유롭게 멈추거나 강하게 할 수 없습니다.

　그런데 「호흡」만은 이렇게 생명에 있어서 중요한 기능이면서 자신의 의지로 컨트롤이 가능합니다. 즉 생명 유지에 가장 소중한 「산소」을 도입하는 「호흡」은 유일하게 자유자제로 조종

할 수 있는 기능도 있습니다. 그래서 안정된 마음을 얻기 위해서는 바른 자세로 단좌하고, 호흡과 마음을 조절하는 "몸에서 마음으로" 수행하는 방법을 실시하고 있습니다.

이것을 일찍부터 깨달아 노하우를 축적한 것이 「요가」나 「기공」등 동양의학의 특징 입니다. 그래서 말더듬의 교정도 몸을 이용한 호흡을 위주로 하는 훈련을 하고 있습니다. 그러나 서양의학에서는 이 자유로이 조종할 수 있다고 하는 의미로의 「호흡」의 중요함에 아직도 알지 못한 것 같습니다.

그래서 그 반대의 방향을 취하고 있습니다. 우선 이성으로 생각하고 판단하여 그 다음에 몸으로 실행하는 방법인 " 이성에서 몸으로" 나아가는 수행을 하고 있습니다. 그래서 호흡의 효과에 대해서는 이성으로 판단 할 수가 없으므로 육안으로 확인이 가능한 뇌 속을 중점적으로 조사하여 원인을 찾으려고 하고 있습니다. 그러므로 저자는 장차 말더듬이뿐만 아니라 대인공포나 시선공포와 같은 신경증의 원인도 동양적인 사고에서만이 규명이 가능하다고 생각합니다.

2. 지금까지의 방법으로는 교정되지 않는다.

그러면 각각 어떤 교정방법이 있는지를 간단히 설명하겠습니다. 심리요법은 카운슬링이나 이미지 트레이닝 등을 쌓는 것으로 심리적 스트레스나 억압을 완화시키는 방법이다. 무의식 하에서 마음의 상태를 파악하는 것을 주안으로 하여 마음가짐을 변화시켜서 인간관계나 장해를 해결하려고 하는 것이다.

대인훈련방법도 심리요법의 일종이다. 여러 가지의 인간관계나 장면을 상정하여 유사체험을 하는 훈련이다. 자기소개, 전화, 합석좌석, 여성과 단 둘이 있는 경우, 고객과의 접대, 회의 시 발표 등과 같은 장면을 상정하여 긴장하거나 더듬지 않고 말하는 것을 훈련하는 것이다. 또 실재로 시내에 나가서 사람 통행이 많은 곳에서 스피치를 하거나 모르는 사람에게 소리를 지르는 체험훈련을 하는 경우도 있다.

　체면요법은 자기암시에 의하여 잠재의식을 변화하는 방법이다. 예를 들면 [자신에 만족한다] [유능하다[다른 사람으로부터 존경을 받는다]라고 하는 긍정적인 자기를 넣는 것으로서 자신을 얻어 말더듬이를 극복하려고 하는 것이다. 이러한 심리요법의 결점은 말을 더듬는 것이 심리적인 요인에서 오는 것이라는 고정관념에 사로잡히는 것이다. 확실히 긴장이나 심리적인 스트레스에서 오는 대인공포와 같은 것이라면 심리요법으로도 유효하겠지만 말을 더듬는 것은 몇 번이나 설명한 것과 같이 육체적인 버릇이 고정화된 것이다. 그래서 체면요법이 국내보다도 훨씬 도입이 빠른 구미의 선진국에서도 말더듬이의 교정에는 거의 실효성이 없어서 활용을 하지 않고 있다.

　이러한 육체적인 구속을 먼저 해제하지 않으면 해결되지 않는다. 그럼 발어기능에 관심을 갖는 교정방법이란 무엇인가?
발음, 발성훈련방법은 입 모양이나 혀의 움직이는 방법, 호흡법 등 말하는 기능일부를 개선하여 말더듬이를 치료하려는 방법이다. 그러나 이러한 훈련은 올바르고 깨끗한 말을 하게 하는 방법으로 입이나 혀, 호흡법은 발어기능의 일부에 지나지 않아 말을 더듬는 실태에 접근 할 수는 없다. 피드백방법이라는 것은 비디오카메라를 향하여 말더듬이에게 말을 시켜서 그 영상을 다음에 말더듬이에게 보여서 자기반성을 시키는 방법이다.

　영상을 보면서 [혀의 움직이는 방법이 나쁘다] [입의 열림이 부족하다] 등과 같이 주의나 지도를 한다. 그 지도를 받고 다시 비디오를 향하여 말하는 것을 개선하는 것이다. 이것도 발음, 발성법과 같이 잔재주만의 교정에 지나지 않는다. 이러한 교정과는 달리 병원에 가서 신경안정제의 일종인 약을 처방 받아 긴장을 완화시키는 경우도 있다. 그러나 약의 효과가 떨어지면 원래대로 돌아오므로 말더듬이의 개선에는 아무런 도움이 되지 않는다. 지금까지 말더듬이는 일생 치료되지 않는다고 하는 것은 이러한 교정방법이 원인을 전혀 모르고 하는 빗나간 치료이기 때문이다.

병도 원인을 모르면 치료되지 않는 것과 같다. 원인이 무엇인가를 찾아서 그것을 제거하는 근치요법이 아니면 말더듬이는 결코 교정되지 않는다.

3. 말을 하는 경우에 반드시 복근을 활용한다.

말더듬현상은 대부분이 말을 하는 제일 음과 문절의 변환기의 제일 음에 일어납니다만 언어 구조상 당연한 일입니다. 말을 한다고 하는 행동은 무엇을 이야기할까를 머리로 생각하고 머리에 떠오른 자신이 말하고 싶은 말을 문절단위로 발성기관을 사용하여 소리로 변환해 가는 작업입니다. 발성기관은 악기의 역할과도 비슷합니다. 발성기관은 인후(성대), 비강, 구강, 치아, 혀, 입술 등의 소리를 만드는 구음기관(構音器官) 과 소리의 원동력을 내는 복부(횡격막 근육) 그리고 숨의 출처인 폐의 부분으로 되어있습니다.

말더듬 현상을 신체로부터 파악하면 말을 시작하기 전에 이미 발성기관의 소리를 만드는 인후나 혀나 입술 등에 쓸데없는 힘이 들어가고 있습니다. 구음기관에 쓸데없는 힘이 들어가 버리면 소리를 잘 낼 수 없게 됩니다. 말하기 어려운 소리나 서투른 소리를 내기 위해서는 무의식적입니다만 힘이 들어가고 있습니다. 소리를 내기 위해서는 무의식중에 들어가 있는 힘보다 더 큰 무리한 쓸데없는 힘을 주지 않으면 안 됩니다. 무리를 하여 소리를 내려 하고 있으니까 인후 주변에 힘이 들어가 의식도 당연히 인후주변에 모입니다. 복근을 의식적으로 사용할 수 있는 상황이 아닙니다. 본래 숨을 내 쉬기 위하여 필요한 복근이 사용되지 않게 되므로 어투가 약해집니다. 어투가 약한 소리를 내면 청각 즉 귀로 그 소리를 듣고, 자신이 생각하는 소리가 다르면 뇌에서 순간적으로 판단하여 다시 같은 소리를 내려고 합니다.

　문제가 있는 것은 소리를 내는 악기로서의 발성 기관을 자기 자신이 잘 컨트롤 할 수 없게 되어 있는 것입니다. 발언시의 조건반사, 결국 악습입니다. 악습에 의해서 인후에 힘이 들어가 버려서 하고 싶은 말을 올바르고 부드럽게 순간적으로 소리로 변환 할 수 없게 되어 있을 뿐입니다. 노래를 부르는 경우에 말을 더듬지 않는 것은 노래할 때는 발성기관이 악기로서의 역할이 올바르게 되어있기 때문입니다. 소리의 원동력을 낳는 복근이 올바르게 작용하고 있습니다. 따라서 이야기할 때에도 올바르게 복근을 사용할 수 있으면 정상적으로 이야기할 수 있게 됩니다. 말더듬이는 뇌의 정상적인 메커니즘에 의해서 일어나고 있습니다. 결코 뇌에 이상이 있는 것은 아닙니다.

4. 생체공학의 관점에서 접근한 교정요법을 활용한다.

　말을 더듬는 원인은 앞에서 설명한 봐와 같이 배에서 밀어 올라가는 상승기류 이다. 다시 말을 더듬는 메커니즘을 설명하면 다음과 같습니다. 소리가 나는 것은 성문 상하의 압력차이가 있기 때문입니다. 압력차이가 일정하지 않으면 안정된 소리가 나오지 않습니다.

　말더듬이의 경우에 성문 아래의 압력을 내리는 요인이 되는 것은 흉부와 복부를 구분하고 있는 횡격막이 통상의 위치보다도 위로 올라가 있기 때문이다. 일반적인 사람은 횡격신경에 탄력이 있어 숨을 들어

58 세로토닌 신경의 단련으로 말더듬은 반드시 교정된다

마시면 횡격막이 힘껏 아래로 누르기 때문에 충분한 숨을 들어 마실 수 있다. 체내에 중력방향의 하강 에너지가 생겨서 그것이 호흡압력 즉 성문 아래 압력을 높이기 때문에 충분한 발성이 가능하게 된다. 그렇지만 말더듬이는 횡격신경이 긴장하여 횡격막이 위로 올라가게 된다. 말더듬이가 아니라도 깜짝 놀라거나 강한 쇼크를 받으면 횡격신경이 경직되어 횡격막이 위로 올라가서 숨 쉬기가 괴로워지지만 말더듬이는 이러한 상태가 항상 계속되어 있는 것이다. 그 때문에 중력과는 반대인 상승 에너지가 발생하여 공기가 순조롭게 들어오지 못하여 호흡압력 즉 성문의 아래 압력이 높아지지 못한다. 그것을 보완하기 위하여 발음근육 즉 입술과 혀에 힘을 넣어서 말을 하려고 하기 때문에 입 전체가 경직되어 말이 부드럽게 나오지 않는다. 이러한 일련의 몸의 반응이 버릇이 되어 몸에 배어버리는 것이 말더듬이 이다.

 이 버릇은 횡격신경 - 횡격막 - 호흡근육 - 성대 - 발음근육으로 흘러서 발어조직 전체가 비뚤어진다. 신경에서 발음근육에 까지 걸친 광범위한 버릇이므로 그렇게 간단히 사라질 리가 없다.

이러한 육체적인 버릇이기 때문에 말을 하려고 하는 경우에 느끼는 숨이 괴롭거나 목이 막혀 호흡곤란 등이 때때로 육체적 고통을 일으키게 된다. 몸의 버릇은 강제적으로 치료하지 않으면 안 된다. 그래서 올바른 자세를 갖게 하여 기능도 개선하는 것이다. 예를 들면 어린이의 젓가락 잡는 방법이 나쁘면 어머니는 매일 식사 때마다 올바른 젓가락 잡는 방법을 알려 주겠지요. 젓가락을 잡는 어린이 손가락을 하나하나 바른 위치에서 움직여 젓가락을 잡는 자세를 잡아 준다. 이렇게 하여 강제적으로 올바른 자세를 몸에 배게 하여 젓가락으로 물건을 집는 기능이 개선되어 간다. 골프의 스윙도 이와 같이 이상한 버릇이 몸에 배이면 비거리도 늘어나지 않는다.

몸의 잘못된 버릇을 고쳐서 올바른 스윙으로 변화하면 볼도 잘 날아 간다.

　말더듬이를 치료하는 것도 동일합니다. 생체공학의 입장에서 원인이 되는 육체적인 버릇을 교정함으로써 말을 더듬는 다고 하는 기능장해를 치료하는 것이다. 그것이 [단전호흡 교정방법]이다. 이러한 발상은 지금까지 누구도 시도한 경우가 없습니다. 생체공학의 입장에서 말더듬이를 재검토한 사람이 없기 때문이다. 그러나 원인 그 자체를 교정하기 때문에 이것이야말로 근치요법이라고 나는 자부하고 있다.

5. 에너지의 치환이라고 하는 발상으로 훈련한다.

가. 자연법칙에 반하는 상승기류를 변화 시킨다.

　말더듬이가 왜 종래의 방법으로 교정되지 않은가 하면 그 답은 간단하다. 상승기류라고 하는 체내의 역학적 구조의 결함에 누구도 알지 못하였기 때문이다. 우리들이 중력 안에서 생활을 하고 있다는 것은 이미 설명하였다. 몸의 모든 부분이 지구의 인력에 끌려서 하향의 에너지를 받아서 작용하고 있다. 세포의 하나하나가 중력의 영향 없이는 기능을 하기 어렵습니다. 발어기관도 이와 같이 체내에 하강 에너지가 흐를 경우에는 횡격막도 호흡근육도 발음기관도 서로 협조를 하면서 잘 기능을 합니다. 횡격신경이 충분히 늘어져서 횡격막이 내려감에 따라서 호흡근육이 확실히 움직인다. 그 결과 호흡압력과 성문 아래 압력이 높아져서 올바른 발성이 되는 것입니다. 그렇지만 하강 에너지가 없이 상승 에너지가 지배하게 되는 것이 말을 더듬는 상태이다. 체내의 에너지가 역전현상을 일으켜 본래 하강하고 있는 기류가 상승기류로 변하는 것이다. 강한 긴장이 있으면 횡격신경은 긴장하여 횡격막이 위로 올라가면 횡격막 위에서 강한 상승기류가 발생하여 호흡압력이 감소한다. 그래서 호흡이 흐트러져서 숨을 들어 마실 수 없게 되어 성대의 아래 압력도 감소하게 된다. 상승 에너지 때문에 발음근육의 작용방향도 변하여 위 방향(호기 방향)으로 향하게 된다. 결국 횡격막이 위로 올라가서 생기는 흉부의 상승기류가 발어기능 전체의 협조를 좋지 않게 하여 말을 더듬게 된다. 그러므로 모든 발어기관의 에너지를 중력과 협조할 수 있는 하향으로 바꾸지 않으면 안 되는 것이다.

그래서 에너지의 치환이 필요하게 되는 것이다. 내가 훈련한 [단전호흡 교정방법]은 상승에너지의 스트레스를 받고 있는 발어기관의 에너지를 전부 하향 에너지로 치환하는 방법이다. 이것은 발음기관에서 호흡기관, 횡격막, 단전까지를 관철하여 전신적인 에너지의 치환으로 되기 때문에 계속적이고 강한 육체적 훈련이 필요하게 된다.

나. 상승기류는 만성적인 산소 결핍상태를 만들므로 호흡법을 교정한다.

그런데 말더듬이나 적면증상인 사람이 일정하게 호소하는 것은 [피로하기 쉽다] [나른하다] [집중력이 없다]라는 몸의 부조화 이다. 말더듬이나 적면증상은 단지 언어나 대화의 장해만이 아니라 몸 상태나 기분에도 악영향을 미치게 한다.

왜 그러한 증상이 일어나는가? 말더듬이나 적면증상인 사람은 어깨 호흡이 고정되어 있다. 또 가끔 무호흡으로 되는 경우도 있어 산소가 충분히 들어 마실 수 없게 되어 만성적으로 산소결핍상태에 빠지게 된다. 산소결핍상태가 되면 어떻게 되느냐 하면 인간은 충분히 공기를 들어 마실 때 포함된 산소와 정맥에서 보내온 이산화탄소를 폐에서 교환하여 새롭고 깨끗한 혈액을 만든다. 그렇지만 만성적인 산소결핍상태는 이러한 가스교환이 만족스럽게 이루어 지지 못한다. 그래서 혈액순환 불량을 가져 오거나 활력부족이 생기는 것이다. 또 신체 중에 충분한 산소가 순환하지 않기 때문에 뇌나 장기의 움직임도 활발하지 않다. 그러므로 말더듬이나 적면증인 사람은 한 눈으로 알 수가 있다. 눈에 힘이 없이 무표정, 무기력, 끈기가 없어 전체적으로 기력이 부족한 경향이 있다. 그러나 이것은 심호흡을 하지 않기 때문에 오는 산소결핍상태가 원인이라고 생각된다. 사회생활에서 능력의 절반 정도밖에 평가 받지 못해 불만이나 열등감이 그러한 상태로 몰아넣을 가능성도 있다. 산소결핍상태가 만성적이 되면 운동도 좋은 성적을 올리지 못한다. 공기를 들어 마실 수 없기 때문에 수영이나 마라톤, 야구도 어쨌든 도중에서 괴로워 져서 계속 할 수가 없다. 그러므로 운동은 괴로운 것이라고 하는 사람이 필연적으로 많게 된다. 역으로 [단전호흡 교정방법]으로 말더듬이나 적면증상을 치료하여 운동 성적이 향상되는 경우도 있다. 상승기류가 몸에 주는 피해로 하여 하나 더 간과 할 수 없는 것이 자율신경으로의 영향이다. 그것도 횡격막을 컨트롤하는 횡격신경과 자율신경은 상호 영향을 주고 있기 때문이다. 횡격신경은 후두부에서 나와서 횡격막까지 직결되어 있는 굵은 신경이다.

 이것은 안면근육이나 발음근육, 후두근육 등의 감성기관을 지배하는 한편 뇌의 중추신경과 밀접하게 관계하고 있다. 뇌가 긴장감이나 불안감을 느끼는 즉시 횡격신경에 전해져서 횡격신경이 긴장하여 횡격막을 위로 올린다. 그래서 그의 반응을 자율신경이 민감하게 캐치하게 된다. 자율신경이란 몸의 항상성을 유지하는 기능을 유지하기 위하여 전신을 컨트롤하고 있는 신경이다. 호흡, 맥박, 체온, 발한, 배뇨, 배변 등은 자율신경에 의하여 조절되어 자고 있을 경우에도 장기는 쉬지 않고 움직인다. 만약 자율신경이 활동하지 못하게 되면 그것은 인간이 죽음을 맞이하는 경우이다. 결국 자율신경이란 생명활동을 유지하는 가장 중요한 신경이다. 그런데 더듬거나 적면하면 여기에 동반하여 식은땀이 나거나 동계 하거나, 때로는 위가 쑥쑥 하고 아픈 경우도 있다.

　이것은 체내에서 상승기류가 생긴 결과로 자율신경의 실조라고 말 할 수 있다. 횡격신경이 긴장함에 따라서 자율신경도 영향을 받아 자율신경에 지배되고 있는 장기에 부조화가 나타나는 것이다. 자율신경실조증세는 거의가 원인 불명으로 일어난다.

　그래서 그것을 치료하기 위해서는 대단히 곤란하다. 그러나 그 중에는 상승기류를 하강기류로 치환하므로 개선되는 자율신경실조증세도 있다. 그것은 말더듬이나 적면증상에 동반하는 자율신경실조증세가 [단전호흡 교정방법]에 의하여 해소되는 것을 봐도 분명합니다.

다. 육체적 측면과 정신적 측면에서 접근한다.

　[단전호흡 교정방법]은 육체적인 측면에서 접근한 것이라고 앞에서 설명하였지만 독자 여러분 중에는 [몸의 버릇을 고치는 것만으로 말더듬이가 치료되는가?]하고 의문을 가진 분도 계실지도 모르겠다.

　확실히 말더듬음은 육체적인 버릇이지만 정신적인 요인도 간과 할 수 없다. 강한 긴장이나 불안으로 인하여 말더듬이 발생하기 쉽다는 것을 생각하거나 심리적인 측면에서 치료가 필요하지 않는가 하고 생각하는 것도 도리이다. 그러나 그 어느 것도 만족

할 수 있는 것이 [단전호흡 교정방법]이다. 그것은 [단전호흡 교정방법]으로 말더듬이나 적면증세가 왜 치료되는 가를 생각해보면 잘 알 수 있습니다. 그 포인트는 다음의 2 가지이다.

하나는 호흡법을 변경함에 따라서 체내의 에너지를 하향의 플러스 에너지로 바꿔서 성문 아래 압력을 높여서 발성, 발어를 순조롭게 하는 것이다.

다른 한 가지는 횡격신경의 비뚤어짐을 바로잡아 기능을 정상화함으로서 신경이나 기분의 안정을 도모하는 것이다.

결국 [단전호흡 교정방법]은 육체적인 원인과 정신적인 원인의 양 측면에서 접근하는 교정방법으로 양쪽을 만족시키는 것이야 말로 그것만큼 높은 효과가 얻어지는 것이다. 그러나 그것을 달성하기에는 위로부터 아래로 에너지의 흐름을 변화하는 것으로 대대적인 에너지의 개조를 하지 않으면 안 된다. 그러기 위해서는 여러 가지의 물리적인 수법이나 육체적인 훈련이 필요하게 되는 것이다.

라. 공기를 충분히 들어 마시도록 한다.

성문아래의 압력이 낮다고 하는 것은 목 아래의 공기가 적다는 것이다. 말은 숨을 내 쉬면서 나오는 것이기 때문에 체내의 공기가 적으면 그만큼 소리가 나기 어렵게 된다. 될 수 있으면 공기를 많이 들어 마시면 좋다. 그렇게 하면 배속에 공기가 쌓여서 성문아래 압력이 올라가게 되므로 말을 더듬는 것도 치료 된다고 생각되는 것이 바른 해석이다. 그렇지만 말더듬이는 공기를 충분히 들어 마시지 않는다. 말더듬이가 말을 하려고 하면 마치 산소결핍을 일으키는 경우와 같이 괴로워진다. 이것은 폐에서 공기가 나와서 진공상태로 되어 버리기 때문이다. 그래서 공기를 들어 마시려고 하여도 점점 들어 마실 수가 없게 된다. 말더듬이는 횡격막이 보통 때 보다 높은 위치에 있어 긴장하는 경우에는 더욱 그것이 위로 올라가서 체내에 상승기류가 발생하기 때문이다.

나는 이러한 상태를 [위로 향하는 마이너스 에너지가 생기는 상태]라고 부르고 있다. 이 상태에서는 공기를 많이 들어 마시려고 하여도 들어 마실 수가 없다. 그러기 때문에 성문 아래의 압력은 필연적으로 항상 낮은 상태로 소리를 내는 준비가 전혀 되어 있지 않다. 분수도 수압이 약하거나 일정하지 않으면 물이 졸졸 하고 매우 적게 나오는 것과 같다. 이리하여 말을 할 때마다 마이너스 에너지가 발생하는 것이 말더듬이다. 한편 말을 더듬지 않은 사람은 배로 숨을 들어 마신다. 공기를 많이 들어 마셔서 횡격막을 제어하고 있는 횡격신경을 늘려서 횡격막을 아래로 내린다. 그러면 배에 공기가 모이고, 반대로 숨을 내 쉬면 횡격신경이 줄어들어 횡격막이 위로 올라간다. 이러한 횡격막의 상하운동으로 호흡을 하거나 발성을 내는 것이다. 그러므로 횡격신경에도 탄력이 있어서 잘 신축한다.

복식호흡으로 배에 공기가 모이면 호흡압력이나 성문의 아래 압력이 높아져 안정된 큰 소리가 나오게 된다. 또 말더듬이와 같이 성문의 아래 압력이 낮아져서 소리가 매끄럽게 나오지 않으면 이것을 보완하기 위하여 입술이나 혀에 힘이 들어가서 말을 잘 할 수가 없다. 어떠한 경우에도 부자연한 힘이 가해지면 경직되어 움직일 수가 없게 된다. 발음기관도 무리하게 힘이 들어가 경직되고, 혀가 둥글어지거나 입술이 부드럽게 움직이지 않아 더듬게 되는 것이다.

6. 훈련으로 과거의 잘못된 습관을 고친다.

　인간의 행동의 95%는 잠재의식에 의하여 행하고 있습니다. 그리고 현재의식이 행하는 행동은 불과 5%입니다. 예를 들면 보행 시에 어느 정도의 보폭으로 어느 정도 무릎을 들어 걸으려고 생각하지 않습니다. 이것은 잠재의식에 보행동작과 거기에 따르는 보행감각이 동시에 입력되어 있기 때문에 다리를 움직일 때에 어느 정도 움직였는지를 항상 몸의 감각으로 판단 및 확인하면서 걷고 있습니다.

　따라서 보행동작과 보행감각이 올바르면 단지 방향만을 의식하면 거의 의식하지 않고 걸을 수 있습니다. 즉 몸이 보행 행위를 기억하고 있습니다. 언어행동도 같은 것입니다. 머릿속에서 생각한 말을 잠재의식 안에 있는 발어행동과 발어감각을 사용하여 거의 무의식적으로 이야기하고 있습니다. 의식하고 있는 것은 무엇을 이야기하는가 하는 내용뿐 입니다.

　말은 본래 폐에서 밀려 나오는 자연의 공기의 흐름 안에서 성대에 숨이 부딪치면서 의식적으로 생각한 말을 잠재의식에 입력되어 있는 무의식 하에서의 발어 행동과 발어 감각을 이용하여 한음 한음을 연결하여 연속 음으로 말을 하는 작업을 하고 있습니다. 어디까지나 말은 의식적으로 발어행동은 무의식적으로 행해지고 있습니다. 말더듬 증상에 대해 가장 문제가 되는「말하기 어려움」이 어째서 생겨나는지 생각해 본 경우가 있습니까?

　말더듬이는 항상「말하기 어려움」과 싸우고 있다고 해도 과언이 아닙니다.「말하기 어려움」과 싸우면서 결코「말하기 어려움」에서 탈출 할 수 없습니다. 왜냐하면「말하기 어려움」이 있는 소리에 집중하여 탈출하려고 하기 때문에 자기 자신의 발성법이 서서히 변해 버리는 것을 알지 못하기 때문입니다. 악기로

66 세로토닌 신경의 단련으로 말더듬은 반드시 교정된다

소리를 내기 위해서 타이밍이 필요합니다. 피아노는 건반을 두드리면 소리가 나옵니다만 바이올린 기타 등 넥이 있는 현악기는 왼손으로 넥을 누르고 있을 때 오른손으로 현을 연주하지 않으면 올바른 소리는 나오지 않습니다. 오른손과 왼손이 동시에 움직이지 않으면 소리는 나오지 않습니다. 타이밍이 맞지 않으면 소리는 나오지 않습니다. 그리고 오른손과 왼손의 타이밍을 맞추는 것은 감각입니다.

또 플루트, 퉁소 등의 관악기의 경우에는 입으로 부는 타이밍과 오른손, 왼손으로 구멍을 막는 타이밍이 맞지 않으면 소리가 나오지 않습니다. 오른손, 왼손에 쓸데없는 힘이 들어가 있으면 구멍을 막는 타이밍이 늦어 버립니다. 말더듬 증상이란 확실히 이러한 상태가 되어 있습니다.

7. 어린이의 부모가 주의 할 사항.

어린이의 보행도 처음에는 기면서 몇 번이나 넘어지고 실패하면서 보행을 하게 된다. 여기에서도 어린이의 신체의 발육상태에 따라서 지속의 차이가 있으므로 이러한 상태를 누구도 이상하게 생각지도 않고 걱정도 하지 않는다.

언어의 발달도 어린이가 말을 배우기 위해서는 성장하면서 어린생활을 가장 가까이서 돌봐주는 어머니로 부터 몇 번이고 실패를 거듭하면서 말을 배우게 된다. 그러나 말을 더듬는 것과 유사한 말을 하면 어머니는 즉시 이것은 말을 더듬기 때문이 아닐까 걱정을 하여 말을 정정해 주거나 심한 경우에는 언어실패를 꾸짖는 경우도 있다. 처음에 어린이가 말을 약간 더듬어도 어린이는 전혀 의식을 하지 못하는데 어머니나 주위 사람이 반복해서 주의를 주게 되면 항상 언어에 대한 과잉반응으로 실패를 하지 않으려고 긴장을 하게 되어 점차 언어활동이

원활하지 못하고 실패를 반복하게 된다.

　이러한 행동이 말을 더듬게 하는 동기가 된다고 학문적으로 확실하게 인정이 되고 있다. 언어는 긴장, 흥분을 하게 되면 빨라지고, 자기의 능력이상으로 빨라지게 되면 언어의 실패가 발생하게 된다. 이러한 긴장이나 흥분되어 있는 신경 과민한 상태에서는 정상적인 사람도 말을 더듬는 동기가 될 수 있다. 조그마한 말의 실패가 있으면 즉시 말더듬이라고 단정하여 잘못된 취급을 하게 되어 정말로 말더듬이가 되어 버리는 경우도 있으므로 다음 사항에 주의할 필요가 있다.

　① 말더듬은 반드시 교정된다고 하는 전문가의 지도를 받는다.

　② 일상생활에서 말을 더듬어도 어린이 자신은 말을 더듬는다고 생각 하지 않으므로 결코 주의를 주지 말 것. 그것을 주위사람이 하나하나 주의를 주거나 말을 정정해주면 본인이 의식을 하게 되어 말을 잘 하려고 하거나, 웃음거리가 되는 말에 너무 주의를 하게 되어 반대로 말을 더듬게 되므로 스스로 말을 할 때 까지 기다리는 것이 좋다. 에스키모인은 말을 더듬는 사람이 적은 이유는 어린이가 말을 더듬는 것은 우리나라의 홍역과 같은 것으로 말을 더듬는 것을 당연하게 생각하여 주의를 주거나 웃는 일이 없어 그 자체를 의식하지 못하기 때문이다.

　③ 말을 빨리 할 경우에 말을 더듬는 경우가 있으므로 부모는 어린이 앞에서 될 수 있으면 천천히 말을 하는 것을 보이되, 천천히 말하라고 강조해서는 안 된다. 말을 더듬는 아

68 세로토닌 신경의 단련으로 말더듬은 반드시 교정된다

이의 부모 특히 모친의 말이 빠른 경우가 많다는 것에 주목 할 필요가 있다.

④ 말은 귀로 들어서 기억을 하게 되므로 다른 어린이와 될 수 있으면 같이 놀도록 하는 것이 좋다. 말을 더듬는 자기의 어린이가 다른 어린이와 같이 노는 것을 가엽게 생각하여 집에서 혼자 놀게 하는 것은 매우 좋지 않다.

⑤ 텔레비전에서 말을 듣는 것도 좋으므로 유익한 프로는 보도록 한다.

⑥ 노래는 거의가 천천히 부르게 되어 노래 부르면서 더듬는 사람은 없기 때문에 좋은 발음법이므로 노래를 자주 시키는 것도 좋다.

⑦ 식사는 편식을 하지 않도록 주의할 것.

⑧ 결국 부모가 말더듬이에 관한 정확한 지식을 가지고 걱정하지 말고 안심하고 웃는 얼굴로 어린이를 대한다.(어린이는 민감하여 부모의 기분을 알아보는 힘을 가지고 있다).

제 4 장 단전호흡법에 의한 경험적 교정방법

1. 단전호흡법이란?

이것은 들어 마시거나 내 쉴 때에 배꼽 밑의 단전에 힘이 들어가는 호흡으로 강한 복압을 수반하는 호흡형이라 말 할 수 있다. 그리고 단전호흡에는 숨을 들어 마심과 동시에 복압(腹壓)이 걸려 생리해부학적으로 횡격막과 복근군과 협조, 수축하는 흡기성 강 복압호흡(吸氣性强復壓呼吸)과 숨을 내 쉴 때에 강력한 복압이 걸리는 호기성 강 복압호흡(呼氣性强復壓呼吸)이 있다. 앞으로 우리가 배워야할 호흡방법인 호기성 강 복압호흡이 좋은 점은 우리의 몸은 가슴(胸腔)과 배(復腔)로 구성되어 있으며 이 경계에는 횡격막으로 이루어지고 있으며, 이 막은 정지된 경계막이 아니고 상하운동을 하는 것이다. 이 횡격막이 수축, 하강하면 흉강은 감압되고, 반대로 복강은 가압된다. 이때에 흉강에 위치한 폐는 성대라고 하는 관문을 통하여 외부와 연결되어 있다. 여기에서 흉강의 감압은 성대의 개방에 의하여 외기를 폐로 들어오기 쉽게 한다.

우리 신체 내에서 대기압 보다 낮은 음압을 유지하는 곳은 유일하게 흉강이다. 호흡운동을 관찰해 보면 흉강은 압을 내리려고 노력하고, 반대로 복강은 압을 올리는 노력을 하는 것 같이 보인다. 이것이 실은 생체의 운영상 극히 중요한 것으로 횡격막의 수축, 하강운동이 활발한 사람이야말로 건강하고 스태미나가 넘치는 것이다. 숨을 내 쉴 때에 점차 복압이 걸리는 호흡은 선(禪) 수행 시 하는 호흡법으로 자율신경의 불균형을 예방하여, 생체 내에 있어서 각종 호르몬계를 조정하여 생활력을 넘치게 하는 원동력이 된다.

이러한 호흡을 일상 경험하는 경우는 배낭을 메고 등산을 할 경우에 한발 한발 산정에 오를 경우나 큰 소리를 외친 후에는 하복부에 힘이 들어가는 호흡운동을 하게 되므로 기분이 상쾌함을 느낀 경우이다.

그리고 아기의 공복을 호소할 경우에 울음소리를 낼 때에 배를 만져 보면 단순한 복식호흡 시와는 달리 배에 힘이 들어가 있는 것을 알 수 있다. 울음소리가 크면 클수록 복압도 강해지는 것을 보면 인간은 어린 시절부터 호기성 강 복압호흡을 하고 있음을 알 수가 있다. 이와 같이 인간은 누구든지 선천적으로 하고 있는 어린이 때의 호흡법을 성장하면서 크게 놀라거나 중병을 앓고 난 후에 호흡의 실조로 호흡의 양상이 바뀌는 경우가 있다.

그리고 물질문명의 발달은 인간생활을 편리하고 쾌적한 것으로도 하지만, 반면에 인간을 나태하게 만들기도 한다. 최근 신경증이나 자율신경의 불균형이 급격히 증가한 것도 이와 같은 호흡의 실조로 인한 흉식호흡이 커다란 원인이 있으므로 호흡법을 개선하면 건강은 물론 사물에 대한 관점, 사고방식, 인생관까지 바뀌게 되니 흥미로운 일이다. 우리들의 인체 내에서 심장이 점하고 있는 위치 및 장기와의 상호관계 또는 혈액순환계의 일환으로서 점하는 역할을 생각해 볼 필요가 있다.

심장은 다른 장기에서 볼 수 없는 특징은 우리들의 생체 내에서는 가장 강한 압(壓)을 스스로 만들고, 그 압력에 의하여 혈액을 폐 및 전신에 내 보내고 있다. 그리고 이 심장이 복강 속에 있지 않고 흉강 속에 있다는 것도 중요한 의미가 있다. 흉강은 우리 인체 중에서 가장 압(壓)이 걸리지 않고, 호흡운동에 의하여 대기압보다 더욱 낮은 압이 될 수 있는 곳이기도 하다.

그래서 혈액순환계를 생각해 보면 결국 심장에서 나가는 혈액은 다시 심장으로 돌아오지 않으면 안 된다. 그러나 심장에서 만들어진 압은 말초에 가면 갈수록 약해지고, 혈관의 말초는 모세혈관이 되고 그것이 다시 합류하여 정맥이 된다. 심장이 놓여 있는 장소의 압이 낮을수록 혈액이 심장으로 돌아오기 쉽게 된다. 정맥혈이 심장으로 돌아가기 위한 방법 중의 하나가 횡격막의 운동이다. 단전호흡으로 횡격막의 운동을 촉진하게 되면 하반신의 정맥혈이 심장으로 돌아가는데 큰 도움을 주게 되므로 제2의 심장이라고도 한다.

그런데 강한 기침을 하거나 화를 내어 가슴에 힘을 주면 흉강은 강한 양압(陽壓)이 되어 이마에 푸른 핏줄이 솟는 것은 뇌 순환의 울혈(鬱血)을 뜻하는 것이다. 배변 시에 변비가 있는 사람은 숨을 멈추고 힘을 주면 배에도 힘이 들어가지만 가슴에도 힘이 들어가 양압 상태가 되어 심장으로 돌아가야 할 혈류가 교란되어 고혈압인 사람은 뇌출혈의 위험이 있어 화장실에서 뇌출혈로 죽는 경우가 종종 있다.

그러므로 고혈압인 사람은 배변 시에 뇌출혈을 예방하기 위해서는 입을 벌리고 성대를 열어 숨의 출입을 자유롭게 하고 배에 힘을 주면 가슴은 압력이 올라가지 않는다. 그러므로 복식호흡보다는 단전호흡이 훨씬 효과적이므로 말을 더듬는 사람은 단전호흡을 필히 연습하여야 한다.

2. 단전호흡법의 의미와 역할

제일 내부에 있는 뇌간(腦幹)은 기본적인 생명활동의 뇌(의식의 각성, 수면, 호흡, 심혈관의 조절을 맡는 뇌)로 자율신경의 중추로도 되어 있다. 자율신경은 우리의 의사와는 관계없이 마음대로 호흡, 내장의 활동으로 혈압, 체온, 수분의 조절, 성기능 등을 지배하고 있다. 이 자율신경을 지배하고 있는 것이 뇌의 중추부에 있는 시상하부(視床下部)이다. 단전(丹田)에는 태양신경총(太陽神經叢)이라고 하는 원시적인 신경절(ganglion)이 있다. 여기와 뇌의 중추부는 신경에 의해서 연결되어 있다. 좌선의 단전 호흡에 의해서 횡격막(橫隔膜)이 움직일 때(특히 호기 시) 근방추(筋紡錘)나 늑간근(肋間筋)으로 부터 신경전류가 발생한다. 이 신경전류 펄스가 호흡중추인 연수(延髓)를 통하여 시상하부까지 가서 뇌간을 활성화하는 것이다. 이 메커니즘을 그림(4-1)에 나타낸다.

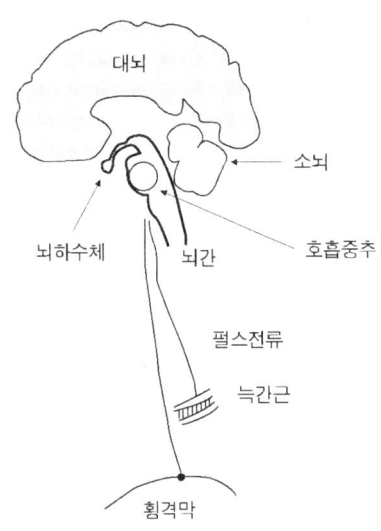

그림 4-1 단전호흡에 의해서 횡격막이나 늑간근으로부터 호흡 중추에 신경 펄스 전류가 가서 뇌간이 활성화 한다.

연수(延髓)로부터 시상하부에 간 신경펄스는 β-엔도르핀을 분비시키는 것으로 알고 있다. β-엔도르핀은 모르피네의 6.5배의 힘을 가지는 강력한 뇌 내 마약이며, 감이나〈평온한 마음〉을 낳는다. 이것과 이성에 의해서 하층 뇌의 욕구와 정동(본능적인 마음)은 진정 한다고 생각할 수 있다. 고래부터 분노의 감정을 「화가 난다」라고 표현한다. 이것은 정동과 복부의 태양신경총의 사이와 밀접한 관계를 말 하고 있다.

단전호흡에 의한 정동(본능적인 마음)의 진정은 그림(4-1)에 나타내는 메커니즘에 의해서 설명된다고 생각할 수 있다. 뇌간(腦幹)의 연수나 시상하부(視床下部)는 무의식 뇌이며, 자신의 의사로 컨트롤 할 수 없다. 그러나 호흡은 자신의 의사로 컨트롤 할 수 있다. 호흡에 의해서 연수에 있는 호흡중추를 활성화하여 컨트롤 할 수 있는 것이다. 이 의미로 호흡은 자신의 의사로 컨트롤 할 수 있는 「뇌의 중추부에의 유일한 입구」인 것이다. 제일 내부에 있는 뇌간은 기본적인 생명 활동의 뇌(의식의 각성, 수면, 호흡, 심혈관의 조절을 맡는 뇌)로 자율 신경의 중추로도 되어 있다. 그림4-2의 뇌의 단면도로 뇌의 중추부(연수, 교, 중뇌, 시상, 시상하부)를 도시한다. 이 그림에 대해 시상과 시상하부는 내부에 숨어 안 보인다. 시상과 시상하부를 정리해 간뇌라고 부른다.

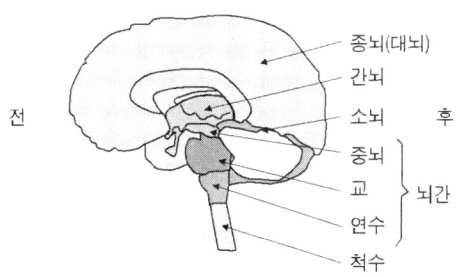

그림 4-2 뇌 단면과 뇌의 중추부 (연수, 교, 중뇌, 간뇌)

3. 단전호흡을 하는 방법

가. 몸의 자세 및 호흡방법

■ 몸의 자세
① 허리를 똑바로 세우고, 명치 상부는 느슨하게 한다.
② 머리끝은 위로 올린다. (턱이 어느 정도 잡아당기는 느낌이 든다)
③ 얼굴은 앞을 보고 시선은 편하게 떨어뜨린다.(눈썹 사이, 턱 등 얼굴의 힘을 뺀다)
④ 서서 하는 경우에는 팔은 손끝까지 힘을 빼고 자연스럽게 내린다.

■ 호흡 방법.

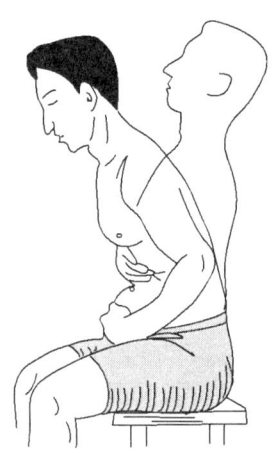

그림 4-3과 같이 두 손바닥을 펴서
오른손은 명치에, 왼손은 아랫배의 단전에 댄다.

① 처음에는 숨을 조금씩 들이마시면서 상체를 펴고, 다음에는 숨을 내뿜으며 왼손으로 아랫배를 주무르면서 오른손의 손바닥을 움직여 명치를 가볍게 스치면서 동시에 상체를 앞으로 구부리며 숨을 매우 강도 있게 내 쉰다.
② 아랫배를 힘껏 조이면서 내 쉰다. 내 쉬면서 점점 항문을 조여 간다.
③ 아랫배, 항문의 힘이 최대로 되는 시점에서는 자연스럽게 힘을 주지 않고 숨을 멈춘다.
④ 아랫배, 항문의 힘을 빼고, 자연스럽게 아랫배가 부풀기 시작하는 느낌으로 숨을 들어 마신다.
⑤ 숨을 충분히 들어 마신 상태에서는 어깨에서 가슴에 힘이 들어가 있으므로 그의 힘을 뺀다.
  침을 삼기 듯이 하면서 어깨의 힘을 뺀다.
⑥ 숨을 자연스럽게 내 쉰다.
  이때에 목에 힘이 들어가지 않고, 목에서 소리도 나지 않는다.
⑦ 그대로 천천히 내 쉰다.
  내 쉬면서 배에 힘을 넣고, 저절로 복근을 조이게 한다.
  될 수 있으면 내 쉬면서 항문을 조인다.

이것으로 1 사이클이 종료된다. 들어 마시는 시간보다 내 쉬는 시간을 길게 한다. 비율을 1대2(마음속으로 셋을 세면서 들어 마시고, 6을 세면서 내 쉰다.)에서 시작하여 1대4정도가 되도록 한다. 결코 괴롭지 않고, 과 호흡이 되지 않도록 주의한다. 숨을 내 쉬면서 최초에 항문의 힘을 빼면 흡기가 순조롭고 편하게 아랫배로 부터 부풀어 간다. 이렇게 하지 않으면 마시기 시작하여 자주 전신에 긴장이 되어 호흡이 부자연스럽게 되어 호흡의 리듬이 깨진다. 단전호흡법은 매우 맹렬한 운동이다.

　모든 복근을 단련된 사람도 처음으로 호흡법을 한 다음 날에 근육통을 느끼는 경우도 있다. 그것은 보통으로 하는 복근의 트레이닝과는 다른 근육을 사용하기 때문이다. 특히 하복부의 근육을 사용하고, 상복부에는 힘을 넣지 않는 것이나 괄약근 등 항문의 근육과 복근과를 별도로 움직이게 하는 것은 야간의 시일이 필요하다.

　약간 해 보고 [이렇게 어려운 것은 할 수 없다]라고 말 해버리는 사람도 있지만 숙달이 되면 어려운 것은 아니다. 여기서 항문을 조이는 방법은 호기로 완화하고 흡기로 조이는 방법도 있다. 그리고 자세가 결정된 후에 호흡에 수를 세는 것도 좋다.

　[하나] [둘-] [셋]하고 호흡을 열까지 세고, 열까지 세면 다시 하나 부터 센다. 도중에 몇을 세었는지를 알 수가 없으면 다시 하나부터 수를 고쳐서 센다. 이와 같이 하는 방법은 단순하여 간단하면서 매우 어려워 세는 도중에 잡념이 생겨서 자신이 지금 몇을 세고 있는지를 알 수 없게 된다. 최초에는 다섯까지 세어도 좋은 방법이라고 생각한다. 수를 세는 것의 좋은 점은 수에는 의미가 없고, 단위를 붙이지 않으면 수는 단지 숫자에 지나지 않는다. 킬로그램, 미터, 그램과 같은 단위가 없으면 의미가 없어서 연상이 연이어서 발전하지 않기 때문이다. 그것이 후술하는 세로토닌 신경의 활성화에는 안성맞춤이다.

나. 단전호흡법의 포인트

　단전호흡법은 내복사근(內腹斜筋)등의 하복의 근육을 의식적으로 수축시켜서 내 쉬는 능동적 호흡에서 시작한다. 그래서 호기가 끝나고 흡기로 변하는 곳에서 항문을 조이는 것이 특징이다.

흡기에서는 횡격막을 의식적으로 컨트롤을 합니다. 숨을 내 쉬고 복근의 힘을 빼면 배가 부푼다. 이때에 아랫배로 부터 부풀기 시작하도록 숨을 들어 마신다. 이렇게 하기 위해서는 숨을 내 쉬는 경우에 하부의 복근을 의식적으로 조이고, 상부 복근은 의식하지 않으면 안 된다. 그렇게 하여 하부복근의 힘을 빼면 거기가 늘어나기 시작한다. 횡격막은 1매의 막과 같이 보이지만 실은 앞과 뒤에 2종류가 있다. 발생의 점에서나 신경의 지배의 점에서도 앞뒤가 다른 2매의 근육으로 되어 있다. 전방의 횡격막을 사용하면 명치 주위가 나오고, 뒤쪽의 횡격막을 하복부가 나오는 느낌이 온다. 횡격막을 자각 할 수 없고, 밖에서 보아서 알기가 어렵지만 중 정도로 내 쉬는 상태에서 명치 주위가 부풀도록 숨을 들어 마시거나, 하복부를 부풀도록 숨을 들어 마시고[이 호흡은 배 위가 부풀어 있구나][이 호흡은 배 아래가 부풀어 있구나]라는 것을 관측하면서 연습하여 주십시오.

이상을 정리하면 단전호흡법의 포인트는 다음의 2가지가 있다.

① 호기에서는 아랫배를 조이면서 내 쉰다.(항문도 조인다)
② 흡기에서는 항문의 힘을 빼면서 아랫배의 힘을 뺀다.
  (아랫배에서 부풀기 시작하듯이 들어 마신다).

다. 단전호흡으로 복부가 커진다.

고승의 배를 보면 아랫배가 크게 부풀어져 있다. 명치가 들어가고, 그 아래가 부풀어 있다. 그것은 근육훈련을 하여 복근을 단련한 형태가 아니다. 부드러운 커브를 하고 있다. 그럼에도 불구하고 지방으로 크게 되어 말랑말랑하지 않고 탄력이 있습니다.

옛날의 호흡법에 관한 서적에서는 이와 같은 배의 형상으로 되는 것을 강조하였지만 단전호흡을 3개월 정도 계속하면 아랫배가 나오기 시작한다. 6개월 정도하면 이 형상을 확실히 알 수가 있다. 그럼 왜 이와 같은 형상이 되는 것일까?

복근을 조이면서 숨을 내 쉬면 내장은 밀어 올라감에 따라서 횡격막의 돔이 위로 크게 넓어진다. 말하자면 횡격막을 팡팡하게 부푼 상태로 하기 때문이다. 이 상태에서 이번에는 들어 마신다. 그렇지만 10초 동안에 천천히 들어 마신다. 횡격막은 어떤 상태에서 수축하느냐에 따라서 수축효율이 다르다. 힘껏 넓힌 경우에 [수축해 주세요]라고 명령을 하면 그렇게 넓게 되어 있지 않을 경우에는 힘껏 넓히려는 방법보다 강하게 수축한다. 천천히 시간이 지나면서 넓히면 횡격막은 충분히 수축한다. 그에 따라서 내장은 아래로 밀려 내려가 아랫배가 눌려서 넓어진다.

이와 같이 단전호흡법을 하는 경우에는 한 호흡마다 횡격막에도 부하가 걸려서 단련이 되게 된다. 이것을 계속하면 횡격막은 크게 신장되어 강하게 수축하는 것도 된다. 그래서 아랫배가 크게 되어 복부가 크게 되는 현상이 생긴다. 역으로 말하면 단전호흡법의 단련을 하여 아랫배가 나오면 횡격막의 수축이 꽤 강하게 된다고 말 할 수 있다.

그리고는 복강 내의 내장의 지방이 빠지매 따라서 배의 모형이 변화되는 것도 있다고 생각한다. 이상을 정리해 보면 횡격막이 훈련되어 강해지는 포인트의 하나는 시간이 걸린다고 생각된다. 천천히 긴 시간 동안에 들어 마시는 사이에 횡격막이 천천히 크게 충분히 수축을 제대로 하고 있는 것이다. 2번째는 의식적으로 수축시키는 것이다. 의식을 하지 않고 복식호흡을 하는 경우에는 횡격막이 수축하는 정도가 크게 다르기 때문이다.

라. 성악가의 호흡법

성악가는 어떻게 길게 숨을 계속 내 쉬는 호흡법을 노력하는가? 역시 단전호흡법과 같은 호흡의 테크닉을 공부 한다.

예를 들면 18세기의 이태리에서 완성된[벨칸토 창법]등의 발성법이 있습니다. 클래식 특히 오페라와 같이 일정하고 강한 소리를 계속 내지 않으면 안 되는 경우에는 허리에서 등에 힘을 넣어 머리 위에서 소리가 나오도록 지도되고 있다. 이것은 뒤쪽의 횡격막을 충분히 사용하는 방법이다. 또 복음성가(흑인영가)등의 스타카토를 사용하는 창법을 하는 경우에는 아랫배의 근육에 힘을 리드미컬하게 넣어서 소리를 내도록 지도된다. 초심자는 배가 통증을 느끼는 정도이다. 음악가는 횡격막과 복근과의 균형을 어떻게 잘 하는 테크닉을 철저하게 훈련시키기 때문에 프로가 되면 어떤 곡도 들어 마시는 것에 주의를 하지 않고도 호흡이 될 수 있다.

그들은 [그저 조금 밖에 들어 마시지 않아]라고 말 하지만 그렇지만 충분히 흡기는 되고 있습니다. 관악기의 연주자, 연극 등의 사람들도 역시 특수한 호흡을 하는 점에서는 동일하다. 요는 내 쉬는 호흡을 철저히 기억하고 있습니다. 이것은 어떤 상태에서도 계속되는 숨이 원활하여 호흡의 리듬이 붕괴되지 않기 위한 호흡법이다. 그런 호흡을 본인은 [복식호흡]이라고 부른다고 해도 실제로는 능동적 호기를 하는 단전호흡을 하고 있는 것이다. 이와 같이 호흡을 자유자재로 하는 성악가의 호흡법은 프로 스포츠 선수에도 통하는 것과 다르지 않다.

마. 완전호흡법

요가에는 완전호흡법이라고 하는 호흡법이 있습니다.
호흡에 사용되는 근육의 전부를 의식적으로 사용하기 때문에 그렇게 부르고 있다. 호기는 흉강을 넓혀서 들어 마시는 상태에서 어깨에 힘을 빼고 배가 불룩해 지게 된다. 그 배의 상태를 유지하여 허리에 힘을 빼면서 내 쉬기 시작한다. 더욱더 내 쉬면서 점점 배를 조여서 들어가게 한다. 들어 마실 경우에는 아랫배에 힘을 빼면서 시작하는 것은 단전호흡과 동일하다. 먼저 아랫배를 넓혀서 더욱더 계속 들어 마시고 흉강을 넓혀서 가슴이 가득히 될 때까지 숨을 들어 마신다. 나무칼을 휘두르는 것도 숨을 힘껏 들어 마시면서 치켜 올리고 나서 잠시 침을 삼키면서 어깨를 내리면서 기합을 넣고 치켜 내리고 그 후에 남은 숨을 천천히 내 쉰다. 그것과 같다. 단전호흡법을 깊고 크게 해 가면 자연히 이와 같은 호흡으로 된다고 생각하여 아무런 문제가 없다.

바. 호흡을 지배하는 신경

우리들은 평소에 무의식적으로 호흡을 하고 있지만 이와 같이 자연스럽게 호흡의 리듬을 만드는 것은 연수 이다. 연수는 [들어 마셔라는 명령을 횡격막에 준다. 그러나 무의식 호흡으로는 [내 쉬에라고 하는 명령을 줄 수 없다.

신경이 작용하지 않아도 자연스럽게 숨을 내 쉬는 몸의 구조가 되어 있기 때문이다. 숨을 들어 마시지 않으면 살 수가 없으므로 뇌는 숨을 들어 마시는 것만을 생각한다. 그렇지만 괴롭지가 않기 때문에 폐의 펴지는 가감을 검지하는 센서와 혈액중의 산소의 농도를 센서가 있어서 그 정보가 연수에 전해 져서 리듬을 조정하고 있다. 이렇게 하는 것이 복식호흡이다.

이와 같은 자율적인 리듬과는 별도로 우리들은 의식적으로 내 쉬는 것도 한다. 의식적으로 [내 쉼]이라는 명령은 연수보다도 훨씬 위에 있는 대뇌피질에서 나와 연수를 통하여 척수의 아래쪽에서 복근으로 전해진다. 이와 같이 내 쉬는 호흡이 바로 단전호흡이다. 오해가 없도록 추가로 설명하면 이러한 호흡을 담당하는 신경은 세로토닌 신경은 아니다. 이와 같은 신경의 작용에 의하여 호흡근이 수축, 이완을 반복하여 호흡이 이루어지지만 횡격막을 수축시키는 신경과 횡격막에 대하는 길항근(拮抗筋)으로 작용하는 복근을 수축시키는 신경과는 척수로부터 매우 떨어진 위치에서 각각 근육에 전해진다. 이것은 팔다리를 평상시에 활동하는 경우의 근육의 길항근의 신경이 척수의 바로 옆에서 나오는 것과는 크게 다르다. 리듬운동은 길항근을 서로 수축하도록 하지만 단전호흡의 경우에 작용하는 신경은 보행시의 운동으로 움직이는 신경과는 다른 특징을 가지고 있다.

사. 호흡에 사용되는 근육
 1) 복식호흡의 경우
 횡격막은 폐와 간장 등의 내장과의 경계에 있으며 돔(dome)의 형상을 하고 있다. 흡기 시에는 횡격막이 수축하여 돔이 내려가면서 폐가 넓어진다. 호기의 경우에는 횡격막은 쉬고 돔은 위로 올라가면서 폐는 좁아진다. 앞에서 설명한 것과 같이 각성(覺醒), 수면(睡眠)과 관계없이 횡격막의 수축은 연수(延髓)로 부터의 명령을 받아서 행하고, 이것에 의하여 리드미컬하게 자율적으로 호흡이 행해진다. 운동을 하여 공기를 많이 들어 마시지 않으면 안 되는 경우에는 보조적으로 흉강의 근육(흉쇄유돌근(胸鎖乳突筋), 사각근(斜角筋), 외늑간근(外肋間筋)을 사용하여 그림(4-4)와 같이 흉곽(胸郭)을 넓혀서 흡기를 한다.

2) 단전호흡의 경우

흉강(胸腔)을 넓혀서 들어 마시는 경우와 반대로 횡격막을 보조로 하여 내 쉬는 호흡이다. 이것은 운동 중에 많이 내 쉬지 않으면 안 되는 경우나 말을 계속적으로 하는 경우, 노래를 부르는 경우, 피리 등의 관악기를 사용하는 경우에 행하여진다. 이것은 능동적인 호기라고 하지만 단전호흡법도 능동적 호기의 하나로 의식적으로 복직근(腹直筋),외복사근(外腹斜筋),내복사근(內腹斜筋)을 수축시켜서 배를 들어가게 하는 호흡이다. 배가 들어가서 내장은 밀어 올라가게 되어 횡격막 돔이 위로 넓어지고 폐는 밀어 오므라져서 숨이 밖으로 나간다. 여기서 내늑간근도 능동적 호기로 작용하지만 이것은 주로 운동 중에 많이 내 쉬지 않으면 안 되는 경우에 사용된다.

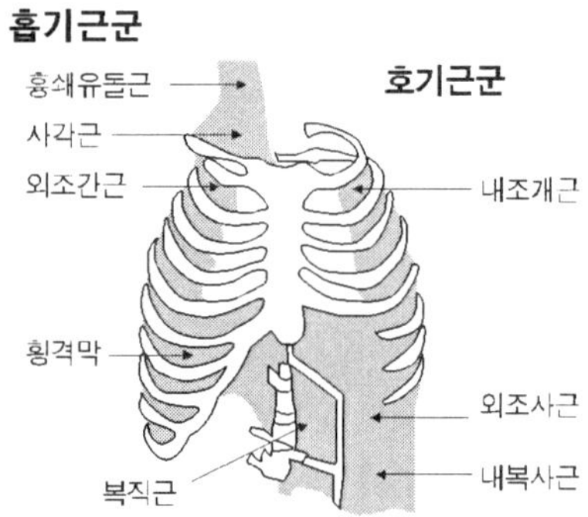

그림4-4 호흡에 사용되는 근육

아. 흉식을 단전호흡으로 변화시키는 4가지 포인트

[단전호흡 교정방법]의 치료의 주안점은 에너지의 개조에 있습니다. 반복하지만 횡격막에서 생기는 상승에너지를 강한 단전까지의 하강에너지로 변하는 것이다. 그러기 위해서는 호흡법도 흉식호흡에서 단전호흡으로 이행시키지 않으면 안 된다. 호흡법을 변화시키기 위해서는 앞

에서 설명한 것과 같이 일상적인 훈련이나 노력이 부족하지는 않지만 이 일상의 훈련을 하는 것 외에 항상 의식해야 하는 4가지 포인트가 있다.

1) 어깨의 힘을 뺀다.

말더듬이는 배에 힘이 없고 어깨에 힘이 들어가기 때문에 어깨호흡으로 되어 버린다. 항상 어깨에 힘을 빼고 배에는 힘을 넣는다.

2) 숨을 들어 마신 후에 말을 한다.

[심호흡을 하고 나서 말을 하십시오]라고 부모로부터 주의를 받는 경우가 없습니까? 이것은 말더듬이의 원인을 생각하면 정곡을 찌른 충고이다. 말더듬이는 숨을 들어 마시는 시간이 짧고, 무호흡으로 말을 하려고 한다. 그 때문에 숨이 막혀서 말이 나오지 않게 된다. 말하기 전에는 의식적으로 숨을 크게 들어 마시고, 배에 공기를 채우는 것이 좋다. 숨을 들어 마시면 긴장도 풀린다.

3) 호흡을 멈추지 않는다.

말더듬이의 호흡방법에는 독특한 리듬이 있다. 보통 사람은 숨을 들어 마시고, 내 쉬는 일정하고 끊임없이 반복하는데, 그 간격은 평균하면 그림(4-5)과 같이 약 3초이다. 그렇지만 말더듬이는 들어 마시는 시간이 약 1초 이하로 짧고, 그렇지만 숨을 내 쉬는 후에 무호흡의 순간이 있다. 일상의 호흡을 하는 경우에도 숨을 멈추지 않도록 의식하여 될 수 있으면 들어 마시고, 내 쉬는 시간을 같이 길게 반복하도록 한다.

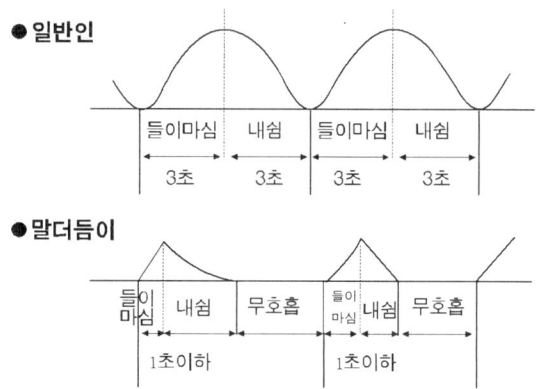

그림 4-5 일반인과 말더듬이의 호흡법의 비교

4) 입을 안쪽으로 잡아당긴다.

입을 비쭉하게 내며 말 하는 것은 말더듬이의 독특한 버릇이다. 이것은 배로부터의 상승기류 때문에 발음근육의 에너지가 흡기방향(전면)으로 향하고 있기 때문이다. 입을 한일자로 하여 내측으로 당기는 습관을 붙이면 발음근육의 에너지가 흡기방향으로 향하기 쉽게 된다.

4. 단전호흡의 트레이닝 방법

가. 괴롭지 않도록 한다.

호흡법을 하는 경우에 과 호흡이 되는 것도 산소가 부족한 것과 같이 극단적으로 천천히 하는 방법도 뇌에 좋은 영향을 주지 않는다. 처음으로 단전호흡을 연습하는 경우에 오로지 숨을 내 쉬려고만 하여도 대개의 사람은 호흡이 고르지 않다. 너무 배를 조여서 숨을 들어 마시는 경우에는 괴로워진다.

자기가 괴롭지 않은 한계점의 범위 내에서 숨을 내 쉬는 것이 필요하다. 너무나 숨을 내 쉬려고 하면 호흡의 리듬이 흐트러져서는 안 된다. 거기에는 이유가 있다. 너무나 내 쉬려고 하면 혈액 안에 흐르는 산소가 감소하게 된다. 크게 감소된 상태에서 갑자기 들어 마시면 이번에는 산소가 급히 증가하여 탄산가스는 감소한다. 그렇게 되면 혈액 속의 산소의 레벨이 올라갔다 내려갔다 하게 된다. 그러면 연수의 호흡을 주관하는 신경이 흥분과 안정의 밸런스가 붕괴되어 버린다. 이것은 몸으로 봐서는 스트레스가 가해진 상태이므로 기분이 좋지 않아 여러 가지 스트레스 반응이 일어나게 된다. [숨 쉬기가 괴롭다][숨을 들어 마시고 싶대라고 하는 생각이 솟아오르기 시작하는 경우에는 탄산가스가 증가하여 산소가 부족하다는 경보가 발하는 경우이다. 그러한 경보가 나기 전에 숨을 들어 마시는 것이 좋다. 호흡법은 좋다고 하여도 괴롭다고 하는 경보를 무시하고 처음부터 [1분에 2회 정도를 해야 한다]라고 생각하여 무리한 것은 역효과가 된다고 생각해 주십시오. 처음에는 1분에 호흡의 리듬을 3회에서 5회 정도로 연습하는 것이 적당하다고 생각한다. 이렇게 연습을 하는 중에 계속 숨을 내 쉬어도 괴롭지 않고 오히려 기분이 좋게 느껴지는 방법이 몸에 습관화 하도록 한다.

나. 눈썹 사이의 힘을 뺀다.

또 흔히 잘 알려져 있지 않지만 미간과 턱에 힘을 빼는 것만으로도 전신의 긴장이 과도하게 풀리게 된다. 그러면서 아랫배에 힘을 넣고 천천히 내 쉬면 잡념도 갈아 앉는다. 미간의 힘을 빼고 아랫배에 힘을 넣는 것은 이를 악 물고 노력하는 것과는 다르다. 제하단전에 기를 넣는다고 생각하는 방법은 그것과는 반대로 턱에 힘을 넣지 않고 힘은 항문과 아랫배에 넣는 것이다.

안쪽 이로 씹으면 머리에서 어깨에 거쳐서 불필요한 힘이 모이기 쉽다. 무도인 들은 입선을 가장 중요한 단련으로 파악하고 있습니다만 그들의 외관을 보고 있으면 얼굴이 긴장하지 않는다.
혀를 위턱에 대고 이와 이사이는 조금 열어 놓는다. 이러한 방법은 발을 가볍게 열고, 무릎을 조금 굽히고 서서, 양 팔을 턱의 주위에 올리고, 손목의 끝의 힘을 빼는 자세로 몇 시간도 그대로 단전호흡법을 한다.

그들이 이것을 매일 계속하면 모든 방향에서의 공격에 대처할 수 있다고 말 할 수 있다. 그것은 단전호흡에 의하여 세로토닌 신경의 움직임이 활발하게 되어 특정의 자극에 사로잡히지 않는 태세를 갖추고 있다는 것을 의미하고 있다고 생각한다.
입선은 무도 등의 여러 가지 형태의 기본으로 단전호흡법의 트레이닝을 입선으로 하는 것도 하나의 방법이다.

다. 목에 힘을 뺀다.
보통호흡 시에 성문은 들어 마실 경우에 자연히 넓어지고, 내 쉬는 경우에는 바로 닫힌다. 이것은 뇌가 자동으로 하도록 하는 것입니다. 그러기 위하여 [천천히 숨을 내 쉬어 주세요]라고 말 하면 많은 사람은 목을 막고 숨을 내 쉬기 시작합니다.
이 경우에 목에서 소리가 난다. 들어 마시는 경우에는 성문이 열려서 2-3초로 숨이 들어갑니다. 그러나 그와 같은 방법은 30분간 하게 되면 목이 변하게 됩니다.

좌선의 지도에서는 [소리가 나오지 않도록 천천히 내 쉬십시오]라고 번거롭게 말 합니다. 소리가 나지 않게 하기 위해서는 복근을 컨트롤 하여 천천히 배를 조이면서 일정한 속도로 숨을 내 쉬도록 합니다. 들어 마시는 경우에는 복근을 조용히 늦추어 갑니다. 호기, 흡기 모두 목을 의식하지 않은 것이 요령 입니다. 의식은 어디까지나 아랫배의 근육의 수축에 향하는 것이 중요하다. 그렇게 하면 성문에 힘이 들어가지 않는 호흡이 될 수 있습니다. 성악의 경우에도 같다고 말 할 수 있습니다. 그러므로 [목으로 노래하지 말라]고 말 합니다. 노래를 부르는 경우에 숨을 내 쉬지 않으면 안 되기 때문에 복근을 조이면서 노래를 부른다. 그 때에 성대에 힘이 들어가지 않고 진동시켜서 소리를 내고 있는 것입니다.

라. 항문을 조인다.

전통적으로 단전호흡법에서는 항문을 조이는 것이 비전으로 하여 전해 왔다. 호흡법을 순조롭게 하기 위해서는 타이밍 좋게 항문을 조이는 것을 배우지 않으면 안 된다. 방법으로는 호기에 항문을 조이는 방법, 흡기 시에 조이는 방법, 쭉 계속해서 조이는 방법 등이 있습니다. 단전호흡법의 경우는 호기에서 조이는 것은 기본으로 이 서적에서는 그 방법을 소개한다. 항문을 조이는 동작은 복근을 조여서 숨을 천천히 내 쉬는 경우에 행한다. 숨을 내 쉬면서 점점 조여 가면서 최후에 꽉 조이고 나서 들어 마시기 시작한다. 들어 마시는 경우에는 횡격막이 수축하지만 호기에서 흡기로 이동하는 타이밍에 항문이 수축하고 있는 것은 극히 중요하다. 그 메커니즘을 설명 해 보자. 항문과 횡격막은 멀리 떨어져 있지만 그 접점은 등뼈에 있다. 횡격막의 전면은 늑골과 복근에 붙어 있지만 후면은 허리 위치의 등뼈에 붙어 있다.

이것은 항문을 수축시키는 경우에 움직이는 근육의 하나가 붙어 있는 장소이기도 합니다. 항문을 의식적으로 조이는 경우에는 여러 가지 근육이 사용된다. 항문 주위에 있는 근육뿐만이 아니라 안쪽 넓적다리를 조이는 근육이나 허리를 앞으로 구부리는 근육 등도 동원된다. 특히 허리를 앞으로 구부리는 근육군의 한

쪽은 허리 위치의 등뼈에 붙어 있고, 다른 한쪽의 끝은 대퇴부의 골 두부에 붙어 있다. 이것이 대요근(大腰筋)이라고 부르는 근육이다.(그림4-6). 이들의 근육이 수축하면 항문을 조이는 보조를 하는 것만이 아니라 뒤쪽의 횡격막의 배꼽에 붙어 있는 부분을 아래쪽으로 잡아 다녀서 횡격막 돔을 정확히 잡아 다니는 효과를 갖게 한다. 이것은 뒤쪽의 횡격막을 강하게 수축시키는데 중요하다.

실은 후 측 횡격막의 수축과 앞 측 횡격막의 수축과는 여러 가지 점에서 다른 점이 있다. 같은 횡격막이라도 그것을 지배하는 신경이 다르기 때문이다. 더욱 큰 차이점은 배의 움직임으로 나타난다. 앞쪽 횡격막의 수축은 명치가 불룩해 지지만 뒤쪽의 횡격막이 수축하면 등뼈 측의 내장이 밀려서 그 힘으로 아랫배가 불룩하다.

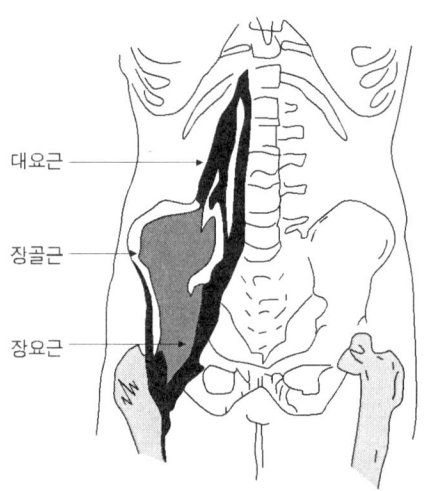

그림4-6 대요근, 장골근(腸骨筋), 장요근(腸腰筋)

좌선에서는 자세를 바르게 앉아 아랫배에 공기를 넣는 것과 같이 들어 마시도록 지도를 받지만 확실히 뒤쪽 횡격막을 수축시켜서 아랫배를 불룩하게 하라는 의미이다. 우리들은 횡격막을 의식하지 않는다. 하물며 전후의 횡격막을 구별하여 수축시키라고 하는 것도 무리이다.

그러나 호기에서 흡기로 옮기는 타이밍에 의식적으로 항문을 조이는 것으로 간접적으로 그것이 가능하게 된다. 이와 같이 항문을 조여서 횡격막의 수축을 컨트롤되므로 평상시에 이러한 연습을 하면 운동 중에 계속된 호흡을 즐겁게 할 수 있게 될 것입니다. 그런데 허리를 앞으로 구부리는 대요근은 아래쪽으로 장곡근이라고 하는 근육과 함께 되어있어 장요근이라고 부른다.

모리스 그린들이 어떤 트레이닝을 하여 이런 근육을 단련하였는지 알 수는 없지만 이 양요근은 복근 등의 자세 유지근과 같이 항중력근과 같은 종류이다. 그러므로 세로토닌 신경의 말단이 많이 성장하고 있습니다. 당연히 세로토닌 신경의 움직임이 활발하면 이 근육은 힘이 강해진다. 또 엉덩이를 뒤로 쑥 내밀고 허리를 단정하게 세우는 것을 추천한다. 이렇게 함으로써 척추에서 요추, 선골에 거쳐서 S 자 모양의 커브가 얻어 지므로 복근, 배근, 영요근 등 자세를 유지하는 근육이 전체적으로 힘차게 힘이 들어간다. 그러므로 좌선을 하여 단전호흡법을 매일 하면 자세를 유지하는 근육의 힘이 증대하여 안정된 자세를 유지하는 대로 모든 동작이 가능하게 된다.

마. 호흡법이란 숨을 쉬는 방법이 아니다.

호흡법은 복근이나 횡격막의 사용하는 방법이므로 내 쉬지 않으면 안 된다거나, 공기를 어떻게 몸으로 출입 시킨다고 하는 것이 중요한 것이 아니다. 호흡법은 피아노의 연습이나 스포츠의 트레이닝과 같이 일종의 운동 학습이다.
　　[복근과 횡격막을 의식적으로 움직여서 행하는 운동 방법]이다. 호흡근에 대하는 의식의 집중이 계속되는 방법이 세로토닌 신경에 대해서는 효과가 있다고 생각되므로 보다 어려운 방식이 좋겠지요. 무사태평히 잡념에 빠지면 세로토닌 신경은 별로 활성화되지 않는 경향이 있다. 보다 어려운 호흡법으로 계속 의식한다. 그것이 포인트 이다. 여러 가지 동작과 조합하면 좋다. 추가로 설명을 하면 체조 시에 하는 복근운동은 호흡법의 움직이는 방법과는 세세한 점에서는 다르다. 근력을 단련하는 점에서는 효과가 없는 것은 아니지만 호흡법의 트레이닝에는 되지 않습니다.

　　마치 야구선수가 트레이닝을 하는 경우에 [역기를 들어 올리는 것은 효과가 있습니까라고 물의면 많은 사람은 [있다]라고 말 하겠지만 그와 같은 근육을 움직이는 방법은 공을 치거나 던지거나 하는 경우의 근육의 움직임과는 다르다고 하는 것과 같습니다.

　　바. 호흡법을 생활 습관화 한다.
　　단전호흡법을 실천하여 세로토닌 신경이 크게 활성화하는 효과가 나려면 어느 정도 하면 좋을까? 막상 경기 시에 긴장으로 몸이 굳어져 있으므로 당황하여 호흡법을 하여도 거의 효과는 느끼지 못합니다. 그러므로 평상시에 호흡법을 습관화하여 둘 필요가 있습니다. 습관이라고 하여도 우리들은 항상 호흡을 하고 있기 때문에 언제 어디서나 시작하여도 좋다. 지금 이 순간에 시작한다. 우선은 1 호흡부터 충분히 내 쉬어 본다. 그러고 나서 모든 것이 시작됩니다. 거미가 한 올의 줄을 치고 나서 집을 짓기 시작하는 것과 같이 제비가 한입에 진흙을 물고 오고서 부터 집을 짓기 시작하는 것과 같다. 그래서 이제 한 호흡부터 참을성 많게 계속한다. 보행 시의 호흡, 차운전 시, 전차에 타고 있는 경우 등 일상생활에 짜 넣는 형태법의 트레이닝을 하면 좋다. 조깅이나 워킹, 자전거 등 반복적인 운동과 결부시키면 한층 효과가 난다.
　호흡법은 세로토닌 신경이 활성화하는 시간을 생각하면 30분 정도 계속하는 것이 효과의 기준이다. 예를 들면 스포츠 선수라면 연습장에 갈 때까지의 사이에, 트레이닝의 개시 전에 10분 정도, 러닝 등을 일치시키면 30분 정도는 아니라도 좋다. 연구되면 좋다고 생각한다. 그래서 반복하지만 3개월 또는 3개월 계속하여 완전히 습관화하여 만일의 경우에 반응이 있는 효과가 기대 된다.

사. 호흡법의 효과를 올리는 요령
　호흡법의 효과를 올리는 것은 복근을 의식하여 내 쉬지 않으면 안 되지만 생각해서는 안 됩니다. 복근의 움직임을 자유로 컨트롤하지 않으면 [잘 되었는지 되지 않았는지하고 호흡 시 마다 생각하게 됩니다. 이렇게 되면 호흡법의 효과는 전혀 자각되지 않습니다. 그러므로 단전호흡법을 충분히 하여 항문과 복근을 자유로이 사용 할 수 있도록 해 둘 필요가 있습니다. 그렇게 하면 복근이나 항문을 조이든가 이완하려고 생각하지 않고 호흡법이 될 수 있다. 또 호흡법을 하면 이것만은 효과가 있을 것이라고 기대하면서 호흡법을 하는 것도 장해가 된다.
　열심히 좌선을 하여 그야말로 몇 개월도 몇 년도 좌선을 하고는[뭐야 좌선을 하여도 깨달음은커녕 아무런 변화도 없지 않은가?]라고 의식을 하는 경우에 확--하고 눈앞이 열리는 경우도 있습니다. [좌선을 하면 무슨 변화가 있을 것이다]라고 생각하면 좌선을 하여도 호흡법을 하여도 [아무런 변화가 없구나]라고 언제나 생각을 하게 된다. 이것은 세라토닌 신경의 활성화에 있어서 좋지 않다.　실제로 이러한 주의의 습관이 되어서 쓸데없는 노력을 하는 경우도 있다. 그와 같은 방법을 하는 것 보다 호흡법을 즐거운 자세로 계속하는 것이 효과를 가져 오는데 필요하다. 더욱 자세히 말하자면 실천상은 이와 같은 점이 중요하므로 더 하나를 부가하면 호흡법을 하는 경우에 효과를 기대하면 내 쉬는 경우에 들어 마시는 것을 생각하거나 들어 마시는 경우에 내 쉬는 것을 생각해 버리기 쉽습니다. [아직 5분밖에 되지 않았다][겨우 10분이구나]라고 생각하게 된다. 이렇게 되면 초조하게 되어 호흡법은 길게 계속 할 수가 없고, 효과도 없다.

그러므로 내 쉬는 경우에는 쉬는 것에만, 들어 마시는 경우에는 마시는 것만을 담담하고 즐겁게 한다. 눈앞의 자극만을 추구하거나, 쓸데없이 돌아다니는 경우의 허전함, 호흡법을 한 후의 충실감과의 차이가 확실히 알 수 있을 것이다. 그 중에서 호흡법의 충만한 즐거움이 체험된다고 생각한다. 이와 같이 즐거운 중에 호흡법도 또 확실하게 의식하고 있어도 [하려고 생각하지 않는다] 와 같이 된다.

5. 단전호흡의 효과

사람의 복부에는 대체로 전체 혈액의 2분의 1 가량이 항상 순환하고 있으며, 이것이 각 기관에 산소와 영양물을 공급하고 있다. 그런데 복부에 고인 피가 다시 심장으로 돌아가기 위해서는 커다란 압력이 필요하다. 만일 부자연스러운 생활환경으로 인해 '복부' 의 압력이 약화되었다면 몸 전체혈액의 반가량이 복부에 정체하게 되고, 따라서 전신의 빈혈상태를 초래한다. 그 때문에 나이가 들수록 혈압이 올라가고 각 기관은 산소부족으로 그 기능이 크게 떨어지게 된다.

이것을 방지하기 위해서는 순서적으로 보아 우선 '자율신경계(自律神經系)' 의 활성화가 필요한데, 그러기 위해서는 '복압(腹

壓)'을 높임으로써 피를 강력하게 심장에 보내는 작업이 필요하다. 자율신경인 교감·부교감 신경의 힘이 약화한다는 것은 '기(氣)'의 순환이 잘 되지 않기 때문이다. 이처럼 기의 순환이 잘 되지 않으면 혈관의 수축, 확장이 충분치 못하고, 혈액의 보급이 불충분하기 때문에 각 기관의 활동이 둔하게 되고, 따라서 인간의 기본적인 생명활동이 쇠약해지게 된다.

그러므로 반드시 "호흡을 천천히 길게 하여 몸에 필요한 산소를 충분히 들이마셔야 한다" 라고 설명하였다. 앞에서 이미 살펴보았듯이, 복식호흡은 '자율신경'을 안정시킴으로써 자율신경계의 지배를 받는 뇌의 활성도와 혈압, 심박수, 호흡수, 체온이 모두 정상기능을 발휘할 수 있도록 해준다. 특히 뇌의 긴장상태를 조절해서 이완시켜주는 능력이 탁월하므로 '뇌의 활성화'가 이루어져 몸 전체의 기능이 원활하게 작동되게 해준다. 뿐만 아니라 자율신경의 조화는 마음과 육체를 동시에 조절할 수 있는 매개적 역할을 함으로써 '심신(心身)'의 안정을 동시에 도모할 수 있도록 해준다.

우리는 호흡 상태만으로도 그 사람의 육체적 건강과 심리상태까지 알 수 있고, 또한 호흡의 조절을 통해 심신을 통제할 수도 있다. 예를 들어 몸이 아프거나 화가 났을 때는 호흡이 가빠지고 거칠어지며, 평온하고 건강한 상태면 숨이 깊고 고르다. 한마디로 심신이 건강한 사람의 숨은 깊고 느리고, 고르다는 말이다. 그런데 이 말을 반대로 적용하면 '깊고 느리고 고른 호흡'을 익히면 누구라도 건강해질 수 있다는 것이다.

가. 자율신경(自律神經)의 언밸런스가 치료된다.

자율신경이란 도대체 어떤 일을 하는가? 인체 내의 신경이라고 하면 여러 종류가 있다. 먼저 자율신경이 아닌 신경에 대해서 살펴보면 운동신경이라 하여 수족이나 몸을 움직이게 하는 신경이 있다. 이것은 중추(中樞)로부터 말초(末梢)로 향해서 활동하기 때문에 원심성(遠心性)의 신경이라고도 한다. 다음으로는 아프다, 덥다, 차다, 시원하다 등 말초로부터 중추로 활동하는 것을 지각신경(知覺神經) 또는 구심성(求心性)신경이라고도 부른다. 이 두 가지를 합해서 일명 동물(動物)신경이라는 이름을 붙이기도 한다. 그 외에 모든 장기(臟器)나 혈관에 분포하고 있는 또 다른 신경이 있다. 그것은 모든 장기의 활동을 강하게 하거나 약하게 하는 신경으로 우리들의 의사와는 관계없이 활동하기 때문에 자율신경이라고 부르며 동물신경에 대칭되는 식물신경(植物神經)이라고 부르는 것이다.

이 자율신경은 교감신경(交感神經)과 부교감신경(副交感神經)이라고 하는 서로 다른 작용을 하는 두 개의 신경으로 이루어져 있으며 인체 내의 어떤 기관도 이 신경의 지배를 받고 있는 것이다. 그것은 마치 말의 고삐와도 같이 오른쪽으로 나가려 할 때에는 오른쪽 손잡이를 당기고, 왼쪽으로 가려고 할 경우에는 왼쪽 손잡이를 당기는 상태이다. 그렇지만 오른쪽으로 가고 싶은데 그 반대로 왼쪽 손잡이를 당겼을 경우에는 어떻게 될까? 이것이 바로 자율신경의 언밸런스로 교감신경과 부교감신경이 적절하게 활동하지 않는데서 일어나는 현상이다.

자율신경 실조증(失調症)이란 일반적으로 신경만 혹사하는 사람에게 많다. 옛날부터 심신일여(心身一如)라 하여 몸과 마음은 항상 하나가 되어야 하는데 그것이 산산이 흩어져서 통일이 않된 생활을 하고 있는 경우가 많다. 이와 같이 심신분리 상태에서 신경의 혹사가 계속되면 이럭저럭하는 사이에 자율신경의 언밸런스 상태가 되기 쉽다.

이 자율신경실조는 처음에는 아무렇지도 않게 기분이 불쾌하게 되어 점차 확실한 상태에서 몸의 기능을 저하시킨다. 예를 들면 전혀 운동을 하지 않았는데도 갑자기 몸의 움직임이 둔해지거나 심장의 박동이 심해지고, 식사 후 많은 시간이 지나도 소화가 되지 않고 중압감을 느끼거나 그 반대로 위가 비어 있는 것처럼 속이 쓰리고 아무것도 하지 않았는데도 어깨, 팔, 다리가 저리고 두통이 이유 없이 계속되면 자율신경의 언밸런스라고 봐도 좋다.

나. 성격(性格)이 변화된다.

질병을 예방하기 위하여 적절한 배려는 필요하겠지만 한두 번 기침을 했다고 해서 거기에 온 마음을 빼앗기고 밤잠을 이루지 못한다면 지나친 일이 아닐 수 없다. 기침도 기도의 점막에 생긴 분비물을 배제하기 위한 생리현상이라고 보면 기침을 과대평가하여 건강의 악화라고 심각히 생각 할 필요는 없다. 오물이나 불결에 대하여 이상한 공포심을 느끼는 사람은 그에 따라서 병의 발생을 두려워하기 때문이다.

청결 할 필요는 있지만 불결에 대한 이상한 공포를 갖는 것은 정신적인 피로를 느끼게 된다. 우리의 입안에는 항상 많은 세균이 생존하고 있지만 인체에 해를 주지 않는 세균이 대부분이고, 병원균이 침입하는 경우에도 우리 몸 스스로 세균에 대항하여 능히 극복하고 해결하는 능력을 갖고 있는 것이다.

어디 그뿐인가? 장내의 세균 중에는 우리들의 인체에 필요한 비타민을 합성해주는 유효한 세균도 있다. 그러므로 세균에 대해서 무조건 두려워만 하지 말고 올바른 지식을 지니는 것이 필요하다. 아무리 병원균이 침입해 와도 인체에는 그것을 처리해줄 수 있는 방위기구가 있으므로 쓸데없는 공포심을 갖지 말고 그러한 방위기구의 강화에 노력하는 편이 보다 현명한 것이다. 다음으로 심신이 무기력한 성격이 있다. 이것은 심신의 긴장부족에서 기인하는 것으로 지나치게 혜택을 많이 받고 자란 환경에서 많은데 스스로 노력을 하지 않고 생활을 할 수 있으므로 심신의 긴장이 해이해지는 데서 오는 결과이다.
　우리 몸이 건강하기 위해서는 심신의 긴장과 이완의 양면이 필요하다. 긴장만 계속되는 생활도 피로가 쌓이므로 곤란하고 이완만이 있는 생활도 느슨하여 나태한 생활이므로 곤란하다. 그러므로 우리들이 살아가는 지구의 자전에 리듬을 맞추어 가는 생활, 다시 말해서 낮에는 생활전선에서 심신을 사용하고, 밤에는 심신의 긴장을 풀고 휴식을 취하는 그러한 생활습성을 원칙으로 해야 한다. 따라서 낮에 활동과 심신의 긴장이 부족하다고 생각되면 일부러 활동을 만들어보는 것도 좋은 방법이 되겠다. 위하수(胃下垂)나 그 이외의 내장하수(內臟下垂)가 있는 것은 복압에 주는 힘이 부족하므로 단전호흡(丹田呼吸)을 계속하면 위하수증은 간단히 치료된다. 단전호흡은 횡격막(橫隔膜)이나 복근군(腹筋群)을 동원하여 실행하는 특수호흡으로 위하수증을 치료할 뿐만 아니라 무기력체질(無氣力體質)이나 무기력한 성격인 사람에게 활력을 넣게 되어 놀라운 잠재력을 이끌어 내는 것도 가능하다. 다음에 자신을 실체 이상으로 남에게 보이려고 하는 허영심도 단전호흡을 실천하면 스스로를 보는 눈이 길러져서 있는 그대로의 자신을 관찰하게 되어 히스테리 성격을 치료 할 수 있다.
　다음에 어떤 일을 하여도 자신이 없어 항상 열등감으로 고민하는 성격도 단전호흡을 계속하게 되면 차츰 자신이 생기게 된다. 단전호흡은 외부로 부터 주어지는 것이 아니라 스스로의 노력에 의하여 실천하는 것이므로 놀라울 정도로 자신이 생기게 된다. 다음에 어느 일에 집착하는 성격으로 하나의 사물에 마음이 고착되어 융통성이 없어 타인의 좋은 조언도 귀를 기울이지 않는다. 이러한 성격의 주원인은 모두라고 하여도 좋을 정도로 가슴에 있는 명치가 굳어져 이다. 단전호흡은 이 명치를 깊게 안쪽으로 움직이게 하여 점차 이완되게 한다. 명치가 풀리게 되면 이상하게도 융통성이 없는 마음이 풀리게 되어 탄력성 있는 유연한 마음으로 변하게 된다.

다. 대인 및 시선공포와 같은 신경증(神經症)도 치료된다.

시대가 변천하고 발전함에 따라서 질병의 모습도 변해가고 있다. 과거에 많은 위세를 떨치던 전염병은 대부분 자취를 감추고 현대에 이르러서는 3대 성인병이라고 하는 뇌졸증, 암, 심장병이 점차 증가하고 있다. 여기에 신경증 또한 무시 할 수 없는 질병으로 심지어 현대병이라는 이름으로 많은 사람들에게 고통을 주고 있다.

대인공포나 시선공포와 같은 신경증은 직접적으로 생명에 위험을 주는 병은 아니다. 그러나 이 병은 그림자 없는 마귀처럼 현대인들의 심사를 강타하여 조금씩 그 위세를 떨쳐가고 있다. 신경증하면 이미 일반적인 용어가 되어 있어서 병원에서 친찰을 받고 원인이 확실하지 않을 경우에도 아무 거리낌 없이 가볍게 사용되고 있다. 예를 들어 내성적인 사람으로 모든 사물의 움직임에 지나치게 과민한 반응을 보이는 신경쇠약형, 위기에 직면해서 생기는 불안감이나 공포감, 혹은 장래에 일어날지도 모르는 위기에의 불안감이나 공포감도 그것이 정도를 넘게 걱정한다면 강박증상이 되어 신경증과 연결된다.

또는 자기의 주장을 지나치게 고집해서 그것이 경우에 어긋나도 객관적인 판단을 내릴 수가 없는 사람으로 광신형이나 자신과잉의 타입도 있다. 이런 사람은 대개 광의 말에 과민하기 마련이다. 다음에 자기를 믿던 사람으로부터 배신당하거나 헤어지게 되면 비관 끝에 염세적이 돼버리는 사람도 있다.

그래서 우울한 기분 때문에 사람을 만나는 것을 좋아하지 않는 소외된 사람도 있다. 이런 사람은 사물에 대하여 양심적이고 모든 사고방식이 일방적이며 유연성과 타협성이 부족하고 집착력(執着力)이 강하다. 그런가하면 신체적 증상으로서 열이 나거나 머리가 무겁고, 빨리 피로해지며, 밤에도 잠이 잘 오지 않을 경우에 이러한 사소한 질병에 연연한 나머지 과대망상에 걸려 이러다가 중병에 걸리는 것이 아닌가 하고 새로운 불안을 느끼게 되는 사람도 있다. 이와 같은 불안감이 계속되다 보면 가슴의 압박감이나 떨림, 수족냉증이 일어나 불안은 공포로 변하고 더욱 병세는 심각해진다.

그런데 여기서 한 가지 특기할 만한 사실이 있다. 이런 사람일수록 가슴에 있는 명치끝이 긴장이 되어 딱딱하고 얕은 흉식호흡을 한다는 사실이다. 그래서 호흡이 깊지 못하며 어깨로 숨을 쉬는 특징이 있다. 이때에는 횡격막의 상하운동이 저하되어 심신에도 허약해지는 나쁜 상태가 되는 것이다. 그래서 신경증인 사람은 무엇보다도 먼저 호흡법의 개선에 착안하여 병의 치료에 주력하여야 한다.

라. 혈압을 떨어뜨려 고혈압 치료에 효과가 있다.

연세대재활의학과 전세일 교수는 '복식호흡이나 단전호흡'을 하면 혈관이 이완되면서 혈압이 내려가는 효과가 있다고 말한다. 자율신경계의 지배를 받는 것 중 하나가 혈압이므로, 자율신경을 조절하는 능력이 있는 이러한 호흡을 하면 혈압과 맥박이 낮아진다. 즉 말초혈관을 확장시키기 때문에 '말초혈관'의 저항이 감소되면 결과적으로 혈류속도가 느려져 혈압이 떨어지게 되는 것이다. 동아제약에서 개발한 복식호흡 훈련기기인 호흡바이오피드백인 BAF(Breathing Accumulative Feedback)을 사진 (4-1)과 같이 착용하여 6주간(2006년 6월-8월)영동세브란스 병원 외 5개병원에서 혈압이 140mmHg 이상인 고혈압환자(25세 -70세) 39명을 임상 시험한 결과 5~10mmHg가량의 혈압이 떨어짐.

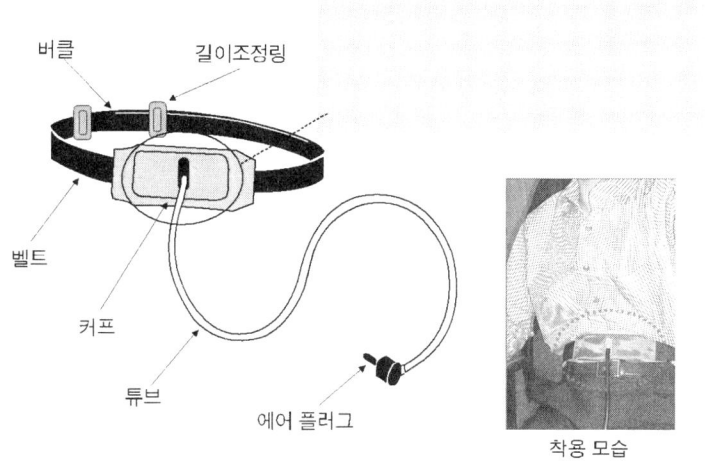

사진 4-1 호흡측정 커프 벨트

복식호흡은 흉식호흡에 비하여 최소의 노력으로 산소와 이산화탄소가 최대한 효율적으로 교환되어 이완(relax)에 상당히 좋은 효과가 있으며 특히 단시간에 이완을 촉진시키는데 도움을 줌(Schwartz,1987).

그리고 고혈압환자들의 경우 말을 빨리하는 경향이 있으며, 말하는 사이사이 마다 호흡이 잠시 중단되면서 뒤이어 혈압이 상승됨. 따라서 고혈압자의 경우 좋지 않은 호흡습관이 혈압상승에 중요한 역할을 함(Lynch,1985).

이 외에도 단전호흡의 효과를 더 알아보자면 다음과 같다.

100 세로토닌 신경의 단련으로 말더듬은 반드시 교정된다

① 장운동을 도와 소화 장애와 변비를 없앤다.

이러한 호흡을 하면 배의 근육이 단련되고, 복압이 커지게 된다. 복압은 대장에 자극을 주어 연동운동을 활발하게 해준다.
다시 말해 소화흡수와 배설작용, 소화액을 비롯한 호르몬 분비를 원활하게 해주는 것이다. 결국 소화 장애나 변비를 예방하고 치료할 수 있다.

② 체지방을 감소시켜 다이어트에 도움이 된다.

세포 내의 에너지대사 즉 신진대사를 활발하게 만들어 체지방을 감소시켜 준다. 이러한 호흡을 1시간 하는 것은 걷기 25분, 자전거타기 35분을 한 것과 동일한 양의 에너지를 소모한다고 한다. 일반적인 호흡, 즉 흉식호흡에 비해 칼로리 소비량이 2배나 높다는 실험결과도 있다. 복식호흡과 단전호흡은 배의 근육을 사용하기 때문에 뱃살제거에 특히 효과가 높다.

③ 심폐기능을 향상시킨다.

쉼 없이 움직이는 심장의 유일한 에너지원은 관상동맥에서 주입되는 '산소' 다. 그러므로 심폐기능을 향상시키기 위해서는 충분한 산소를 흡입해야 한다. 이러한 호흡은 횡격막을 상하로 많이 확장 및 수축시키므로 무엇보다 산소 섭취와 이산화탄소 배출을 효과적으로 해준다. 즉 폐활량이 커지고, 심폐기능을 향상시키는 것이다.

④ 불면증, 우울증 등 불안장애를 치료한다.

자율신경 중에서 교감신경이 활발하면 심장박동이 빨라지고, 혈관이 수축하는 등 심신이 긴장하게 된다. 반면 부교감신경이

활성화되면 심장박동이 진정되고, 산소공급이 원활해지면서 근육이 이완되고 심신이 편안해진다.

⑤ 자율신경인 부교감신경이 활성화된다.
삼성 서울병원 정신과 유범희 박사는 "횡경막에 붙어있는 신경 중 '미주신경(迷走神經)'이 부교감신경을 지배하는데, 이러한 호흡은 횡격막운동과 같으므로 미주신경에 영향을 줄 것"이라고 했다. 실제 신경과에서는 스트레스성 두통, 불면증, 불안장애 등 신경성 장애를 치료하기 위한 '근육이완' 요법의 하나로 복식호흡이나 단전호흡을 적극 활용하고 있다.

⑥ 스트레스를 풀어주고 집중력을 향상시킨다.
흥분하거나 화가 날 때, 두렵거나 불안할 때는 호흡이 거칠고 빨라지게 된다. 시험을 앞둔 수험생이나 시합을 앞둔 운동선수들이 바로 그런 경우로서 이 때 심호흡을 하면 긴장 상태가 많이 완화되거나 해소되는데 이러한 심호흡이 바로 복식호흡이나 단전호흡이다.

⑦ 복식호흡이나 단전호흡을 하면 정신이 맑아져 집중력이 높아진다. 이러한 호흡을 30분쯤 하고 뇌파(腦波)를 검사해보면 '알파파'가 나온다고 한다. 이러한 알파파는 근육이 이완되고, 마음이 편안하고, 의식이 집중된 상태에서 측정되는 뇌파이다. 따라서 이러한 호흡을 하면 항상 맑은 정신을 유지할 수가 있다.

⑧ 콜레스테롤을 감소시켜 심혈관 질환을 예방한다.
복식호흡이나 단전호흡을 하면 혈중 지질 상태를 개선해 고혈압, 심

102 세로토닌 신경의 단련으로 말더듬은 반드시 교정된다

장병, 뇌졸중 등 심혈관 계통의 질환을 예방하고 치료하는 데도 매우 효과적이다. 한 실험결과에 따르면 일정시간 이러한 호흡을 했을 때에 몸속의 나쁜 코레스테롤(LDL)이 25~35% 감소하였고, 혈액의 청소부라 불리는 좋은 콜레스테롤(HDL)은 다소 증가했다고 한다.

제 5 장 말더듬을 교정하기 위한 준비운동 및 발성 연습

1. 준비운동

가. 유연체조

말더듬이는 보통사람 보다도 근육이 굳어 있으므로 유연하게 할 필요가 있다. 그래서 먼저 자세는 똑바로 서서 가슴을 펴고, 아랫배에 힘을 넣고, 눈은 정면을 바라보면서 다음과 같은 운동을 한다.

1) 머 리
① 앞으로 숙이면서 하나-, 뒤로 하면서 둘- 하고 12회에 구령을 하면서 한다.
② 좌우로 12회 씩 한다.
③ 좌우로 12회를 돌린다.

2) 복부의 운동을 하기 위하여 양손은 허리에 가볍게 붙이고, 양다리는 팔 넓이 정도로 벌리고 상체를 좌우로 16회씩 움직인다.

3) 양다리를 모으고 양어깨의 힘을 빼고 상부로 올린 후 갑자기 내리는 운동을 16회 한다.

나. 호흡연습

하복부에 힘이 들어가면 말을 더듬는 다는 두려운 상태에서도 호흡은 흐트러지지 않으므로 다음과 같은 연습을 한다.

1) 마룻바닥에 앉거나 의자에 앉아도 좋다. 가슴을 펴고, 어깨의 힘

을 빼고, 아랫배에 자연스럽게 힘이 들어가도록 하여 시선은 정면을 보면서 코로 숨을 충분히 들어 마신다. 다음에 입으로 조금씩 숨을 내뱉는다. 이때에 아랫배의 상부는 들어가 위축되지만 하부는 힘이 들어가므로 나오게 된다. 이와 같이 아랫배에 힘을 들어가게 하는 것이 가장 중요한 것이다. 이것이 횡격막을 긴장시키는 것이다. 숨을 들어 마실 때는 2-3초로, 내 뱉을 때 에는 10초 정도 한다. 또 들어 마실 때에 아랫배를 좀 들어가도 좋지만 내 뱉을 때는 반드시 아랫배에 힘을 넣는 것을 잊어서는 안 된다. 이러한 연습은 5분에서 10분 정도가 좋다. 또 이러한 연습을 할 경우에 숨을 강 하게 내 뱉었다가 약하게 내 뱉는 연습을 한다. 이러한 것은 말을 할 경우에도 강약이 있으므로 효과적이다.

  2) 다음의 제2의 호흡은 숨을 들어 마신 후에 일정 시간 동안 호흡을 하지 않고 참는 연습이다. 이러한 호흡연습은 숨을 충분히 들어 마신 후에 아랫배에 힘을 주고 5초에서 10-15초 정도를 참는다. 이러한 호흡목적은 말을 더듬는 사람은 발음하기 전에 불안할 경우에는 내 뱉는 숨이 거의 없다. 그러므로 숨을 들어 마신 후에 참는 훈련은 아랫배에 항상 힘이 들어가 자신감을 생기게 한다. 호흡방법은 먼저 코로 충분히 숨을 들어 마시고 "핫"하고 큰소리로 기합을 넣으면서 아랫배에 힘을 넣어 호흡을 정지하고 처음에는 5초 정도를 10회 정도 한 후에 한다. 이러한 연습은 5분 정도가 좋지만 항상 여가가 있으면 보행 중이나 업무 중에 하는 것도 좋다.
  이러한 호흡연습은 소심한 사람에게 담력이나 용기를 주는 데에 절대적으로 필요하다. 말을 더듬는 사람은 소심하고, 소극적으로 부끄러움을 잘 타므로 이러한 호흡연습은 정신적으로 안정을 가져다주므로 특히 대인공포가 심한 사람에게는 꼭 필요한 훈련이다.

다. 발음의 3원칙

다음에 말하는 방법에 관하여 설명을 하면 말더듬은 발성기관에 이상이 없고 발음의 방법이 잘못되어 있으므로 다음 사항을 참고로 하면 매우 부드럽게 말을 할 수가 있다.

■ 제1원칙

말을 하려고 하면 전에도 말을 더듬었기 때문에 또 더듬지나 않을까 하고 두려워하게 된다. 사람은 누구나 두려워하면 횡격막이 급히 이완되어 아랫배가 들어가고 심장의 박동이 심해져서 호흡이 흐트러지게 되므로 말을 잘 할 수가 없게 되어 말을 더듬게 된다. 그래서 두려워도 호흡을 바르게 하기 위해서는 코로 숨을 2-3초 동안 들어 마시면서 아랫배에 힘을 넣는다.
(이 경우에는 공기가 아랫배로 들어가 횡격막이 밑으로 내려가는 것을 눈으로 보는 듯이 상상하는 것이 좋다)

■ 제2원칙

더듬는 사람은 말하기 전에 더듬는 것이 상대에게 알려지는 것이 매우 두렵기 때문에 본인이 모르는 사이에 말을 할까 말까 하고 망설이게 된다. 그렇게 되면 혀, 입술, 성대 등이 호흡의 출구를 닫혀 버린다. 그러나 꼭 말을 해야 할 경우에는 그 출구를 닫혀 진 상태에서도 말을 하려고 공기를 보내면 구강 내에는 많은 압력이 걸리게 된다. 이러한 상태에서는 말을 하기 어려우므로 숨을 "후"---하고 내뱉어 압력을 제거하는 것이 좋다. 아랫배가 단단할 정도로 힘을 점점 넣으면서 가늘고 길게 숨을 내 뱉는다.

■ 제3원칙
다음에 제2호흡 상태에서 제1음절을 좀 길고 천천히 발음한다.

이상에서 설명한 것과 같이 먼저 숨을 들어 마셔서 아랫배에 힘을 넣는다. 그 다음에 숨을 후- 하고 내 쉰다. 그리고 아랫배에 힘을 넣은 그대로 첫 말을 길게 빼면서 전체를 천천히 발음한다. 말더듬이는 창피하기 때문에 말을 더듬지 않은 것같이 남에게 보이려고 노력을 하고 있으므로 그 기분은 보통 사람이 생각 할 수 없을 정도로 매우 강하다.

일반 사람은 말더듬에 관하여 전혀 관심도 없다. 따라서 그 사람이 더듬어도 무관심하여 열등시하는 사람도 없다. 말더듬이는 혼자서 씨름을 하면서 더듬는 것을 창피하게 생각하는 기분을 창피해 하는 것이다. 그러므로 스스로 [나는 말을 더듬는다]라고 말해 버리면 이상하게도 더듬지 않게 된다.

2. 발성연습

이 연습은 호흡의 3원칙에 의하여 의자나 방바닥 같은 곳에 정자세로 앉아서 실시한다. 항상 허리는 똑바로 세우고, 눈은 전방을 보도록 하고 상체는 바람이 불어도 움직일 정도로 모든 힘을 빼고 양손은 가볍게 다리 위에 자연스럽게 놓는다. 소리는 배에서 나오도록 하고 입은 벌릴 수 있는 한 크게 벌리는 것이 좋다.

여기에서 소개된 방법은 일본인이 사용되었던 이자와의 시화법과 하나자와의 발성법에 사용된 일어를 한국인이 사용하기 편리하도록 한글로 변경하여 작성한 것이다.

가. 교정의 기본연습

1) 구형과 혀의 위치

구형은 그림5-1과 같이 거울을 보면서 5종의 모음을 바르게 만들어야 한다. "하"의 경우에 혀에는 힘을 주지 말고, 끝을 아래치아 밑에 가볍게 댄다. 이 연습을 할 경우에는 반드시 정자세를 하고, 입술에 힘을 주지 않고 입을 가볍게 닫는다.

그리고 약 2초정도 숨을 들어 마셔서 아랫배를 힘차게 부르게 한 다음에 입을 크게 벌리고 연하고 낮게 저음으로 [하-]라고 발성한다. 마치 촛불을 불어서 불꽃이 꺼지지 않고 약간 움직이는 것과 같이 약하게 하고, 음성은 노래를 부르는 것과 같이 목이 아니고 아랫배에서 나오는 것처럼 발성한다.

그리고 [허, 호, 후, 희]도 그림5-1과 같은 구형으로 한다. 발성시간은 1음절이나 5음절이나 모두 흡식은 2초로하고, 발성은 13초 이상 한다.

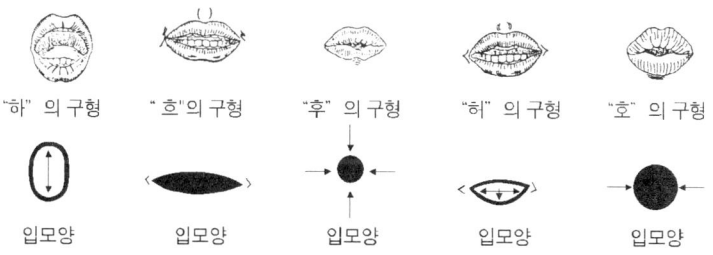

그림 5-1 모음 발성시의 구형

2) 1음절 (1음절을 약 15초 5분 이상 입을 크게 벌리고 소리를 내서 연습한다)

108 세로토닌 신경의 단련으로 말더듬은 반드시 교정된다

하 허 호 후 흐 , 흐 후 호 허 하

3) 2음절(2음절을 15초씩 5분 이상 하고 방법은 1음절과 동일)

하허 허하 하후 호흐 후호 하흐
후하 호흐 허후 후흐 허흐 호하

4) 3음절(3음절을 15초씩 7분간)
하호하 하후하 하허하 호하흐 호후흐 흐호흐 후하흐
후흐후 후허후 허하허 허흐허 허호허 호허하 호후호
호허호 흐하흐 호흐호 하흐후 흐후허 후허호 허호하
호하허 후흐하 허호흐 흐호후 하허흐 흐허후 허하흐

5) 4음절(4음절을 15초씩 7분간)
하호후허 하후흐호 하허후흐 하허호후 흐후허호
흐호하허 흐허하호 흐호후하 후허호흐 후흐호하
후흐호허 후허흐호 허호흐후 허흐후하 허하호흐
허후호하 호하후허 호허흐하 호후허흐 호흐하후

6) 5음절(5음절을 15초씩 7분간)
하흐후허호 흐후허호하 하후허호흐 후허호흐하 하허호흐후
하호흐후하 하호흐후허 호흐후허하 호허후호하흐 흐허후하호
허하허호흐 흐후하호허 후하호허흐 흐하후허호 하호허후흐
후하허호흐 하흐호허후 후허호흐하 허하흐호후 후호흐하허
이상은 1일 과정

7) 정음연습-1(1/2행을 13초씩 5분간)
「하햐 허혀 호효 후휴 흐히」의 5개 구형을 활용해서 "하햐"는 낮고, "허혀" 는 높고, 고저의 음조를 2단계로 하면 싫증이 나지 않고 성대의 조절에 도움이 된다

하햐 허혀 호효 후휴 흐히   히흐 휴후 효호 혀허 햐하
히흐 휴후 효호 혀허 햐하   허햐 하효 호혀 후효 휴히
혀허 햐하 휴후 효호 히흐   호혀 허하 효후 흐햐 혀히

8) 정음연습-2(1/2행을 13초씩 10분간)
이 연습은 밀폐음 자음의 연습이기 때문에 특히 첫 1음절을 낮고 길게 빼고 입 의 모형을 크게 움직여서 발음한다.

(하)각 간 갈 감 갑 갓 강(하). (하)낙 난 날 남 납 낫 낭(하)
(하)닥 단 달 담 답 닷 당(하). (하)락 란 랄 람 랍 랏 랑(하)
(하)막 만 말 맘 맙 맛 망(하). (하)박 반 발 밤 밥 밧 방(하)
(하)삭 산 살 삼 삽 삿 상(하) (하)악 안 알 암 압 앗 앙(하)
(하)작 잔 잘 잠 잡 잣 장(하) (하)착 찬 찰 참 찹 찻 창(하)
(하)칵 칸 칼 캄 캅 캇 캉(하) (하)탁 탄 탈 탐 탑 탓 탕(하)
(하)팍 판 팔 팜 팝 팟 팡(하) (하)학 한 할 함 합 핫 항(하)

(하) 까 따 빠 싸 짜 (하). (허) 꺼 떠 뻐 써 쩌 (허)
(호) 꼬 또 뽀 쏘 쪼 (호). (후) 꾸 뚜 뿌 쑤 쭈 (후)
(흐) 끄 뜨 쁘 쓰 쯔 (흐)

이 연습은 밑받침 옆 받침은 글자 구형에 자연히 따라가게 되고 역시 첫 음절은 낮 게 연한 소리로 순조롭게 하면 된다. 이 과정까지 잘 되면 이를 응용해서 말을 할 때는 첫 자만 입 모양을 만들어 첫 음절

을 낮게 연하게 빼서 하면 첫말도 막히지 않고 잘 할 수 있다.

　물론 자세는 바르게 하고 절대로 몸이나 목에 힘을 주면 안 된다. 가령 (하) 가-절 (허)이란 말을 한다면 첫째 입을 다물고 잠간 2초가량 숨을 들어 마셔서 아랫배를 부르게 한 다음 바로 "하"의 입모양으로 "가절"이라고 발음한다. 그러면 "하"의 입모양에 끝 입모양이 "허"의 입모양이 된다.

　첫발음인 "가"의 발음은 배꼽 밑 아랫배에서 말 시두가 낮게 나오게 되므로 첫 발음이 옆에 있는 사람의 귀에 잘 들리지 않게 낮게 빼면서 "가절"이라고 하여야 한다. 그러면 절대로 첫말이 막히지 않고 잘 나오고 다음 말은 소리만 내면서 입만 가볍게 움직여서 말 중간을 끊지 말고 연속하면 중간에도 막히지 않는다. 중간에서 말이 막히는 것은 말 자원인 호흡이 부족하므로 말을 연속적으로 하지 못하고 필요 이상의 힘을 주기 때문이다.

　그리고 바로 숨을 들어 마셔서 (허) 개선가 (하)라고 한다. 이는 "허"의 첫 입모양에 끝 입모양이 "하"의 모양이 된다. 그리고 모든 문장은 한 호흡으로 하여야 한다.

9) 언어연습

(가의 부)

(하) 가-절 (허).　(하) 가-담 (하).　(하) 각-오 (호).

(하) 간-교 (호). (허) 개-전 (허). (허) 개-선가 (하).

(하) 가-정교육 (후).　(하) 간-단 명료 (호).

(하) 감-개 무량 (하). (하) 강-기 숙정 (허).

(하) 가-권(家拳)도 교정법을 알고자 한다 (하).

(하) 간-단 명료한 발음을 써야 한다 (하)

(하) 간-담 상조의 사이라도 언어는 조심하여야 한다 (하)

(하) 간-단한 말 한마디 잘못하면 생명이 없어진다 (하)
(흐) 그-릇은 그 소리로써 깨어진 것을 알고 사람은 그 말로써 그 인격을 알 수 있다 (하)
(하) 각-성(覺醒)하고 노력해서 비분의 원한을 일소 하련다

(나의 부)
(하) 나는 이제부터 광명이 비친다. (하)
(하) 낙오자는 비굴한 인생. (허)
(하) 남자는 남자다운 행동을 하여야 한다. (하)
(하) 나태한 인간은 증세를 교정 할 수 없다. (하)
(하) 난관을 돌파하면 반드시 안정이 있다. (하)
(하) 낭독 할수록 언문연습은 재미있다. (하)

(다의 부)
(하) 다대(多大)한 효과는 다대한 성심으로. (호)
(하) 단정한 태도로 연습을 신중히 하라. (하)
(하) 단행한 일은 단연 실천하여야 한다. (하)
(하) 담화 할 때나 답변 할 때는 반드시 침착하여 기식을 흡입(吸入) 하고 교정 법칙에 의하여 초 발음을 낮고 느리게 서서히 명철한 담화와 답변을 하여야 한다. (하)

(라의 부)
(하) 라디오 드라마는 방송극을 말한다. (하)
(흐) 리버티는 자유를 말한다. (하)

(마의 부)
(하) 마이동풍(馬耳東風)의 격이란 말은 남의 말을 귀담아 듣지 아니 하고 흘러버리면 허사가 된다는 말이다. (하)
(하) 막무가내(莫無可奈)한 사정은 막무가내한 것이다. (하)
(하) 만고풍상 다 겪어 오고 오늘의 언령부활(言靈復活)은 감개무량하다. (하)
(하) 말을 할 때는 감상을 정돈하고 깊이 흡식함과 동시에 시두를 연하게 하고 명료한 발음을 서서히 하여야 한다. (하)

(바의 부)
(하) 반공일 온공일 쉴 생각 말고 열심히 연습하자. (하)
(하) 반성하면 사물에 통하리라. (하)
(하) 발음 할 때는 모든 주의를 경주(傾注)하여야 한다. (하)
(하) 방방곡곡으로 방황한다. (하)
(하) 방휼지세라는 말은 조개와 참새가 싸우는 형세(形勢)라는 말인데 서로 마주 버티어 서지지 아니하려는 형세를 말하는 것이다. (하)

(사의 부)
(하) 사고무친(四顧無親)하고 고독단신인들 의지 확고한 열성이 지극하면 만사형통한다. (하)
(하) 사기행위는 도의에 어그러진 불법행위. (우)
(하) 사면초가(四面楚歌)라 함은 사방이 다 적에게 싸인 형용 (形容)을 말 한다. (하)
(하) 사리사복(私利私腹)의 욕망은 도덕을 모르는 사욕(私慾). (호)
(하) 산재(散在)하여 있는 증세자는 각처에 얼마인고. (호)

(하) 산명수려(山明水麗)하고 풍기풍화(風紀風化)한 한국수도 서울.
(후)
(하) 사람 모르는 고통을 해 왔으나 이제는 사람 모르는 낙이 왔다.
(하)

(아의 부)
(하) 아가사창(我歌査唱)이라는 말은 책망을 들을 사람이 도리어 책망을 한다는 뜻. (흐)
(하) 악벽은 반드시 고쳐야 한다. (하)
(하) 안녕(安寧)질서가 유지되면 국태민안(國泰民安)하다. (하)
(허) 애국심이 없으면 국민이 아니다. (하)
(허) 양보심과 사양지심은 인간의 떳떳한 일. (흐)
(허) 어둔(語遁)한 발음은 그의 인격의 멸망. (하)
(허) 언어는 출신의 무기. (흐)

(자의 부)
(하) 자시지벽(自是之癖)은 제기하라. (하)
(하) 자포자기(自暴自棄)라 함은 비굴하고 편협(偏狹)한 인간. (하)
(하) 장담하려면 매사(每事)를 튼튼히 하라. (하)
(하) 장부일언(丈夫一言)은 중천금(重天金). (흐)
(허) 전화위복(轉禍爲福). (호)

(차의 부)
(하) 차착(差錯)은 부주의. (흐)
(하) 착각(錯覺)도 주의 부족. (호)
(하) 참화는 불가항력. (허)

(허) 천야만야(天耶萬耶). (하)
(허) 철두철미하게 매사에 관통. (호)
(호) 초면강산.(하). (호) 총죽지교(蔥竹之交). (호)

(카의 부)
(호) 쾌감 (하), (호) 쾌활 (하), (호) 쾌청 (허),
(호) 쾌활한 인생 (허)

(타의 부)
(하) 타향 (하), (하) 탄압 (하), (하) 탄로 (호)
(하) 탄생 (허), (하) 탈환 (하), (허) 태산준령 (허)
(허) 태극기는 우리나라의 국기 (흐), (허) 태평성사 (하)

(파의 부)
(하) 파견 (허), (허) 패권(霸權) (허), (호) 폭탄 (하)
(허) 팽창 팽창한 모양 (허). (호) 폭풍폭우 (후)
(허) 편협(偏狹)한 심리를 쓰면 소인이 된다. (하)

(하의 부)
(하) 하해지택(河海之澤) 으로 악벽은 일소하였다. (하)
(하) 하후하박(何厚何薄). (하),
(하) 학수고대(鶴首苦待) (허)
(하) 한평생 원한의 증세는 어디로 갔는지 (호)
(호) 확고부동한 신념을 양성하라 (하)
(후) 휘지비지(諱之秘之)한 성격은 사물에 승사 못할 뿐만 아니라 더욱 증세는 완치하기 어렵고 광명의 목적에 달성 못한다. (하)

10) 강연연습

　친애하는 여러분, 공사 바쁘신 가운데 우리 교정생 일동을 위하여 이와 같이 대 성황을 이루어 주심에 대해서, 감사의 뜻을 올림과 동시에 감개무량함을 금할 수 없습니다., 오늘 이 시간은 저희들의 증세에 대한 소감의 일단을 말하게 된 기쁨에 넘친 날입니다., 이 시간이야 말로 일평생을 쇠사슬에 매인 죄수가, 무겁게 잠겼던 교도소 문을 나왔을 때의 환희정도에나 비할 수 있겠습니까?,

　인생에 언어라 함은 얼마나 중요한 것인가 이 자리에서 제가 다시 말씀드릴 필요도 없다고 생각합니다., 이 중요한 언어에 장애를 받아 병신 아닌 병신이 되어, 의사표시를 자유로 못하고 부모 형제도 몰라주는 사람 모르는 고민을 해왔을 때에, 울분한 심정을 어다다 호소하겠습니까?,

　인간사회에서 아주 못나서 두뇌도 우매하고 아주 벙어리가 되었더라면 할 수 없이 자포자기를 하겠지만, 아무리 생각하여도 건강한 신체에 훌륭한 오관육부와 명석한 두뇌를 가지고, 세인이 하는 일은 어떠한 일이라도 뒤떨어짐이 없이 하는데 무엇 때문에 울분한 세상을 살아오면서 멸시와 천대를 받아 왔겠습니까?,

　하물며 오작도 의사를 표명하여 자유로이 재잘거리는데, 인생이야말로 재언 할 필요도 없습니다. 예컨대 건강한 사람은 건강의 고마움을 모른다는 격으로, 언어에 부자유를 받지 않은 사람은 자유의 고마움을 모를 뿐만 아니라, 언어에 부자유를 받는 사람의 고통을 이해하기 어려운 것입니다.,

　여러분, 이와 같이 중요한 언어라도 만인이 전부 가지게 될 때에, 그것에 대한 가치를 잊어버리는 것이 또한 인간일 것입니다. 마치 일순간이라도 없어서는 생명이 끊어질 산소가, 만인이 자유로이 가질 수 있기 때문에 심지어 산소에 대한 유무의 관심조차 가지지 않는 사람이

있지 않습니까?,

언어도 노력하지 않고 무가로 무제한 가질 수 있는 것이기 때문에, 그 가치에 대한 인식이 없는 것입니다., 산소의 공급이 끊어진 상태를 자연적 죽음이라고 한다면, 언어를 자유로이 구사하지 못하는 사람은 사회에서 죽음이라 칭 할 수 있겠습니다.,

이와 같이 불우한 증세자를 한 사람이라도 구출하여, 국가에 유능한 인재를 만들어 내는 현명한 정책을 세워야 할 것입니다., 이 사람은 과거 20 여 년간 언어의 장애로 말미암아, 허다한 난관과 많은 풍상을 겪고, 꽃다운 인생의 청춘시대를 암야행로의 격으로 울분하게 지내오다가, 여명의 서광이 비침과 같이 뜻하지 않게 과학적인 교정을 받고 오늘에 마의 증세를 완치하고 여기에 서서 소감의 일단을 말하게 되었습니다. 재미스럽지 못한 저의 소감을 끝까지 들어주시니 대단히 감사합니다.

3. 실생활에서의 용용 예.

지금까지의 각종의 연습을 하고나서 점점 실제 연습에 들어간다. 먼저 일상의 자세를 바로 잡는다. 항상 자세를 바르게 하고, 가슴을 펴고, 아랫배에 힘을 넣고, 항상 눈을 다른 곳으로 돌리거나 아래를 보지 말고 사람을 본다. 이러한 바른 자세는 항상 훈련할 필요가 있다. 보행 중이나 차량 안에서도, 학교의 교실이나 직장에서도 어떠한 경우에서도 두려워하지 않는 자신을 개조하는 것이 매우 중요하다.

가. 전화를 거는 경우

전화를 받거나 거는 것을 꺼리는 사람이 많다. 특히 자기가 전화를 걸 때 곤란을 느끼는 사람이 많은 이유는 말을 더듬는 사람은 더듬는 것을 다른 사람에게 알리는 것을 무엇보다도 괴로워하기 때문이다. 전화는 상대방이 자기가 말한 것은 모두 잘 듣고 있다고 생각하기 때문에 조금이라도 더듬게 되면 즉시 알아버린다고 생각하기 때문이다.

또한 전화를 걸 때가 걸려온 전화를 받는 것 보다 어렵게 생각하는 이유는 걸까 말까하고 망설이면서 결정하기가 곤란하기 때문이다. 그렇지만 걸려온 전화는 시간적 여유가 없이 즉시 말을 하지 않으면 안 되기 때문 이다. 결국 불안은 결정을 하지 못하고 조마조마 하면 할수록 더욱 커지기 때문이다.

그래서 전화를 거는 방법은 지금까지 연습한 것과 같이 3원칙에 따라서 천천히 말을 하면 된다. 특히 전화의 경우는 보통의 회화보다도 알기 어렵기 때문에 일층 천천히 해야 한 다. 전화를 할 경우뿐만 아니라 모든 대화를 할 경우에는 숨을 들어 마시고, 아랫배에 힘을 넣고 숨을 내 쉬면서 제1음을 길게 빼는 것을 잊어서는 안 된다. 이러한 행동은 아직 이야기하기 전이므로 하려고만 하면 반드시 할 수 있으므로 꼭 시행토록 한다.

나. 전차나 기차의 표를 살 경우

표를 살 경우에 특히 순서를 기다리거나 말하기 어려운 역의 표를 살 경우에는 말하기가 더욱 어렵다. 먼저 표를 사기전에 숨을 들어 마신 후에 아랫배에 힘을 주면서 숨을 내 쉬면서 제1음절을 천천히 길게 말한다. 그리고 상대방을 대할 경우에 상대방의 눈을 피하거나 직접 보지 말고 눈썹과 눈썹 사이를 보면서 이야기를 한다. 또 말을 더듬어도 아무 것도 하지 않고 더듬는 것보다는 훨씬 내용이 좋으므로 차차 말을 할 수 있게 된다. 전혀 아무 것도 하지 않고 과거 그대로 말을 더듬고 있으면 몇 년이 있어도 치료되지 않는다는 것을 알아야 한다. 이러한 점을 잘 생각하여 반드시 용기를 가지고 실행하시기 바랍니다.

다. 사람과 대화할 경우
대화할 경우에는 다음 사항을 준수하기 바랍니다.
1) 가슴을 펴고 상체에 힘을 빼고 자세를 바르게 하여 아랫배에 힘을 넣는다.
2) 시선은 아래를 보지 말고 반드시 앞을 본다.
그리고 상대방의 얼굴을 볼 경우에 눈을 보지 말고 넥타이나 눈썹과 눈썹 사이를 바라본다. 아랫배에 힘을 넣기 위해서는 발의 앞 발가락에 힘을 넣고 발꿈치는 가볍게 한다.

라. 학교나 회사에서 책을 읽을 경우
먼저 대단히 두려운 기분이 생기는 것은 지금까지의 경험으로 다른 방법이 없다. 그러나 순서대로 읽을 경우에 자기의 순서가 가까이 오면 숨을 들어 마셔 아랫배에 힘을 넣는 연습을 한다.

점점 자기의 순서가 오면 먼저 일어나서 숨을 들어 마신 후 아랫배에 힘을 넣고 교실이나 회사 전체를 한번 둘러본다. 그리고 천천히 읽기 시작한다. 처음에는 실패할 수도 있지만 이렇게 하다 보면 의외로 잘 읽을 수가 있어 점점 자신감을 얻게 된다.

회사에서 많은 사람 앞에서 책을 읽을 경우에는 먼저 서서 양다리를 벌리고 발끝에 힘을 주면 아랫배에 힘이 들어가기 쉬워진다. 그래서 많은 사람들의 얼굴을 한번 둘러본다.(어느 사람은 이때에 많은 사람들의 넥타이의 모양이 잘 보이면 안정이 된다는 증거로 말을 더듬지 않는 다고 한다).

제 6 장 청각지연반응 (DAF)에 의한 청각 요법

1. DAF(Delayed Auditory Feedback)란 무엇인가?

이 장치는 우리가 흔히 말하는 스피치 이지의 일종으로 대화 시에 청각언어 피드백의 속도를 조정하여 말을 더듬는 증상을 교정하는 것입니다. 말하는 사람의 음성은 상대에게 전달될 뿐만 아니라 그림 6-1과 같이 말하는 자신에게도 머리에 있는 뼈를 통하는 길과 외부공기를 통하여 귀로 전달되는 두 개의 루트를 통하여 피드백 과정으로 들어오는 소리를 들으면서 소리의 크기 나 스피드, 말투, 말씨, 표현 등 다양한 조정을 하면서 말을 하게 되므로 청각을 상실한 사람은 말을 할 수가 없습니다.

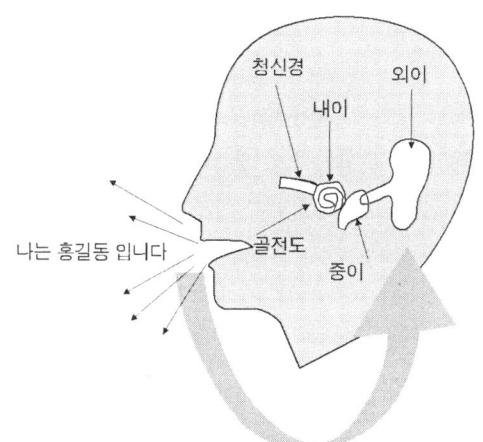

그림 6-1 음성의 전달통로

이 장치는 입으로부터 나온 공기 전도의 소리만을 증폭하여 통상보다 늦추어 들려줄 수 있습니다. 말더듬이는 뼈 전도의 소리에 초점을 맞추려 하고 있습니다. 그러나 이 장치를 사용해서 늦게 들리는 공기 전도의 소리에 초점을 맞춰 들으면 자연스럽고 매끄럽게 말을 할 수 있으므로 말더듬이가 해소되어 갑니다.

2. 청각 요법에서 중요한 것은 무엇인가?

　DAF 트레이닝으로 제일 중요한 것은 자신이 발성한 소리를 듣는 것입니다. 우리가 소리를 내면 그 소리는 몸속에서 직접 뼈를 통해서 내이(內耳)에 이르는 경로와 입으로부터 밖으로 나와서 공기를 전도하여 내이에 이르는 경로가 있습니다. 전자를 뼈 전도, 후자를 공기 전도라고 합니다. 통상 우리는 뼈 전도와 공기 전도가 섞인 소리를 자신의 소리라고 생각하여 듣고 있습니다. 정상적인 사람은 무의식적으로 공기 전도에 초점을 맞추어 말하고 있으므로 유창한말을 할 수 있는 것입니다. 입으로부터 밖에 나온 소리를 들으면서 말을 하는 경우에 자동적으로 발어가 시작됩니다. 정상적인 말투나 유창한 말의 획득에는 청각의 힘이 중요한 것은 분명합니다.「말더듬이」는 청각 장해의 일종이라고 합니다. 다만 청력 그 자체의 장해로부터 오는 것은 아닙니다. 말의 학습에 필요한 귀의 기능은「듣는 귀」입니다. 자신이 말하고 있는 소리의 크기나 스피드나 인상 등을 피드백 하는 귀의 힘입니다.

　유창한 말을 몸에 부여하기 위해서는 이 공기 전도의 소리에 초점을 맞추어 그 소리를 0.01초의 지연으로 들으면서 말할 수 있는 것이 필요합니다. 거기에서 말더듬이에게는 DAF 장치를 사용하여 DAF의 트레이닝을 받습니다. DAF 트레이닝으로 제일 중요한 것은 말을 하려고 한 순간에 뼈를 진동시켜 나오는 소리(뼈 전도 음)와 입에서 나와서 공기로 전해저서 귀로부터 들어오는 소리(공기전도 음)가 있어 그 둘을 구별할 수 있고 게다가 입에서 나와서 공기로 전해져 귀로부터 들어오는 소리를 들으려고 하는 습관을 몸에 붙이는 것입니다.

  말더듬이는 말하기 전에 말할 수 있을지를 마음속에서 말해 체크하고 있습니다. 이 때 성대가 조금 떨리는 것으로 뼈 전도를 일으키게 합니다. 즉 뼈 전도에 초점을 맞추어 말하려 하고 있는 것입니다. 말을 더듬지 않고 유창하게 말하고 있는 사람들은 말한 소리가 공기로 전하여 귀에 도달하는 소리를 무의식적으로 들으면서 말하고 있습니다. 이때에 청각에 전해지기까지 발성하고 나서 약 0.01초 걸린다고 합니다.

  즉 자신이 낸 소리를 0.01초의 지연으로 무의식적으로 들으면서 발어 해 나갈 때에 말은 유창하게 할 수 있습니다. 이 구조는 정상적인 사람들에서는 자동적으로 작용하고 있습니다. 말을 더듬는 사람들도 정상적인 사람들과 같이 자신이 낸 소리를 0.01초의 지연으로 무의식적으로 들으면서 발어 해 나가는 구조는 가지고 있습니다만 그 기능이 조금 약합니다. 과도한 긴장이나 불안한 장면에서는 공기 전도보다 뼈 전도에 초점을 맞추어 발어 해 나가는 습관이 강하게 몸에 붙어있다고 말할 수 있습니다. 따라서 우선 DAF의 트레이닝으로 자신이 낸 소리를 귀로부터 들어오는 소리로서 듣는 습관을 강화해 나가는 것이 중요합니다.

3. DAF 트레이닝으로 왜 말더듬이 교정 되는가 ?

  우리는 미사일과 같이 목표나 목표를 잡아 목표에 대한 어긋남을 자동적으로 수정해 명중시킨다고 하는 자동제어장치를 가지고 있습니다. 야구로 말하면 피처가 던지고 타자가 치고, 볼이 높게 들뜹니다. 그러면 야수는 볼을 눈으로 쫓으면서 속도, 방향, 낙하지점을 한 순간에 계산하고 곧 달리기 시작합니다.

그리고 나이스 캐치. 결코 달리고 있는 중간에 이 스피드로 늦지 않을까? 방향이 어긋나지 않은가? 하는 의식적으로 스피드나 방향, 몸의 각도, 글로브의 잡는 방법 등을 조정 하려고 하지 않습니다. 더 알기 쉬운 예를 들면 우리가 식사를 할 때 젓가락으로 음식을 사이에 잡는데 어깨의 근육을 수축시키고, 이 손가락과 이 손가락이 이만큼 힘을 쓰고, 손목과 팔꿈치는 몇 번에 굽혀…등으로 생각하지 않습니다. 의식하지 않고 손을 뻗어, 무심코 젓가락으로 능숙하게 잡아 올립니다.

이것은 눈으로 목표의 음식을 잡고, 피드백 기구의 작용으로, 목표와 젓가락의 엇갈림을 느끼고 그 엇갈림을 수정하고 있습니다. 눈을 가리고 식사하거나 화장을 해 보면, 이 피드백 기구가 얼마나 중요한 기능을 하고 있는지를 잘 압니다. 똑같이 우리가 이야기를 하는 경우에도 이 피드백 기구가 확실히 작용하고 있습니다. 끊임없이 자기 자신의 소리를 귀로 듣고, 감시, 점검하여 자신의 목소리의 크기나 속도, 리듬, 목소리의 어조나 인상 등은 그 경우에 따라 조정하고 있습니다. 귀가 전혀 들리지 않는 사람은 이야기할 수 없습니다.

또 귀가 어두운 사람은 큰 소리로 이야기하여도 이야기하는 것과 귀는 매우 중요한 관계가 있는 것을 알 수 있습니다. 건강한 사람은 청각 피드백은 약 0.01초의 지연이 있다고 합니다.

즉 성대에서 나온 소리가 입에서 나와서 자신의 귀로 들어와 뇌의 청각 중추에 도달하는데 대략 0.01초 걸립니다. 그러니까 빠른 말이 서투른 경우에는 빨리 이야기하려고 한 나머지 자신의 소리를 귀로 제대로 듣지 않은 채로 다음의 소리를 내려고 당황해 버립니다. 보통 사람은 소리를 만드는 노력은 일절 하고 있지 않습니다. 생각한 대로 입을 움직이면 바랐던 대로의 음성이 나옵니다.

즉 언어 행동이란 호흡 운동이나 보행 운동, 글자를 쓰는 운동과 같은 종류의 것으로 원래는 자동운동으로 불려 자동화되고 있는 행동입니다. 자동화되고 있는 운동에 과민한 간섭을 하면 「경련」이 일어나기 쉽다고 하는 인간 행동의 원리는 말더듬이 현상을 잘 설명하고 있다고 말할 수 있습니다. 말을 더듬지 않고 말하려고 하는 기분으로 소리를 의식적으로 컨트롤 하려고 하면 자동화되어 있는 언어 행동에 과민한 감시를 하게 되어 정상인 에게는 무의식적으로 행해지고 있는 청각 피드백이 의식적으로 행해지고 있습니다. 여기서 매우 중대한 문제가 생겨납니다. 그렇다고 하는 것은 의식적으로 소리를 컨트롤 하려고 하면 주의는 소리로서 입으로부터 나오기 전에 컨트롤 하지 않으면 안 됩니다.

그래서 소리를 내기 전에 입 속에서 소리를 내 보면 제대로 말할 수 있을지 없을지 입의 형태나 혀의 위치, 목의 긴장이나 움직이는 방법 등 발어 기관의 운동 감각을 의식하면서 이야기하고 있습니다. 자동화되어 있어야 할 언어 행동을 의식하여 움직이니까 자연스럽게 움직이지 않고 덜컹덜컹 되어 버립니다. 만약 이와 같이 의식하여 발성한 말이 말을 더듬지 않고 말할 수 있었다고 해도 의식하여 컨트롤 하고 있는 한 부자연스럽고, 다른 사람과는 달라 즉 자신은 「말더듬이」이라고 하는 생각으로부터 개방되는 일이 없습니다.

또 하나의 중대한 문제는 입에서 발표한 소리가 귀로 들어와 청각 중추에 도달하는데 약 0.01초 걸립니다만 한편 발성한 소리는 몸의 내부에서 뼈 전도로 거의 동시에 직접 청각에 이르고 있습니다. 그러나 우리는 이야기할 때에 필요한 청각 피드백은 밖에 나온 소리를 귀로부터 듣는다. 즉 약 0.01초 지연의 소리를 모니터 하는 것입니다. 그런데 말더듬이의 사람은 빨리 컨트롤 하려고 하여 너무 빠르기 때문에 약 0.01초 전에 들리는 뼈 전도의 소리에 청각의 초점을 맞추고 있습니다.

따라서 의식적으로 내는 소리를 뼈 전도로 알아듣고 동시에 조절하려고 하기 때문에 매우 어색하게 되어 버립니다. 게다가 그 어색한 소리가, 약 0.01초 후에 귀에 들리기 때문에 그 늦은 소리에도 반응하므로 혼란하여 더욱 더 필사적으로 발어의 근육을 의식적으로 조작해야 하게 됩니다.

  이것은 DAF(음성 지연 피드백 장치)로 정상인에게 자신이 이야기하는 음성을 늦추어 들려주면 말더듬이와 같은 조건이 만들어져 정상인도 바로 그때 말더듬이가 되어 버립니다. 이것으로부터도 말을 더듬는 사람은 음성을 컨트롤하기 위하여 모니터 하는 초점이 귀로부터 늦게 들어오는 음성에 맞출 수 없다는 것을 알 수 있습니다. 실제 말더듬이에게 이 DAF 장치를 사용해 낭독이나 회화를 시키면, 현저하게 말더듬이의 증상이 감소하여 매끈한 발어가 촉구 받는 것을 확인할 수 있습니다.

  이것은 이 DAF 장치가 입으로부터 나온 공기 전도의 소리만을 증폭하고, 게다가 통상보다 늦추어 들려줄 수 있어 그 늦은 소리에 좌뇌의 초점을 맞추고, 우뇌가 무의식적으로 발어운동을 일으키는 「조건 반사」을 몸에 익히거나 뼈 전도나 발어운동 감각을 차폐하여 우뇌 감각이 중심이 되지 않는 발어습관을 몸에 익히게 할 수 있기 때문입니다. 즉 좌뇌가 언어기능의 주도권을 잡아, 거기에 우뇌의 발어운동 감각이 무의식중에 작용한다고 하는, 정상적인 언어기능에 되돌릴 수 있다는 것입니다.

4 .청각 요법의 특징

  ① 회화나 낭독시의 청각 피드백의 속도를 컨트롤 하는 것으로 부드러운 말투나 읽는 방법을 몸에 붙일 수 있다.

  ② DAF 장치를 사용하는 것으로 발어 속도를 늦게 하여 이야

기하는 패턴이 자기 것이 되어 빠른 말이 수정되어 발어의 스피드가 일정하게 된다.

③ DAF 장치를 사용하면「잘 말할 수 있다」「잘 읽을 수 있다」라고 하는 자신을 가질 수 있다. 그 결과, 정신적 안정감이 보여 회화나 낭독시의 유창성이 증가한다.

④ 자신의 소리를 들으면서 발어 하는 것으로, 소리의 크기나 스피드, 말투, 말씨, 표현 등의 조정을 몸으로 기억할 수 있어 부드러운 말을 실감할 수 있다.

⑤ 말의 곤란도 또 트레이닝의 진척 상태에 따라 지연 속도를 컨트롤 할 수 있다.

⑥ 기계에 약한 사람이라도 간단한 조작이므로 저학년의 아이라도 혼자서 연습을 할 수 있다.

⑦ 음향 기기나 PC와 연결하여 연습을 녹음해 듣거나 교재 CD를 들으면서 연습할 수 있다. 그러나 처음은 좋아도 효과가 희박하여 재발한다고 하는 설도 있다. 하지만 일반적으로는 말더듬이의1/3에만 효과가 있어 「발화운동의 재학습」이 완전하게 성립하지 않을 경우에 사용을 멈추면 재발하는 사람도 확인되고 있다. 그러므로 말을 더듬는 모든 사람에게 적용이 되는 것이 아니므로 반드시 전문가의 상담을 받은 지시에 따라서 사용하여야 효과가 있습니다.

제 7 장 말더듬과 신경증을 관장하는
세로토닌(Serotonin) 신경.

1. 세로토닌이란 무엇인가?

 세로토닌 신경은 뇌 안에 있으며 세로토닌이라는 신경전달물질을 생산하여 뇌의 넓은 범위에 정보를 보내고 있다. 세로토닌의 재료는 트립토판(tryptophan)이라고 하는 필수아미노산으로 이것은 뇌의 모세혈관을 통하여 뇌 속에 들어간다. 뇌에 들어온 트립토판은 뇌간에 있는 봉선핵(縫線核)이라고 하는 장소에서 세로토닌으로 변한다. 이 세로토닌이 신경 전달물질로 여러 작용을 하게 됩니다. 그래서 봉선핵의 신경세포는 세로토닌 신경이라고 부르고 있다. 세로토닌 신경의 작용이 활발하게 되면 뇌 속에 있는 세로토닌은 증가하게 된다.
 무엇보다도 세로토닌이라는 물질은 뇌 속에서만 활동하는 것이 아니다. 실제로 세로토닌은 최초에 장(腸)속에서 발견한 것이다. 그래서 몸속에 있는 세로토닌의 대부분은 장이나 혈관 속에 있다. 세로토닌은 장관(腸管)이나 혈소판에서 만들어 져서 혈액과 같이 전신을 돌아다닌다. 그래서 혈청(serum)중에 있어서 혈관을 긴장(tonus),수축시키는 물질이라는 의미로 세로토닌(serotonin)이라고 이름을 붙이게 되었다.
 그러나 혈관을 흐르는 세로토닌은 뇌 입구에서 차단되어 뇌 속에는 들어가지 못한다. 뇌는 소중히 지키고 있어 속으로 들어 보내는 것과 그렇지 않는 것을 엄밀히 선별을 하고 있다. 세로토닌은 뇌 속으로 들어가지 않지만 뇌에서 만들어진 세로토닌이나 그의 물질대사는 뇌에서 혈관으로 나가서 혈액중의 세로토닌이 증가 한다. 그것은 소변 속에도 섞이기도 한다.
 우리들은 세로토닌 신경의 활동을 알고 싶지만 인간의 뇌 속을 직접 조사 할 수가 없으므로 뇌 속의 세로토닌의 변화를 혈액이나 소변을 채집하여 간접적으로 조사 할 수가 있다. 그러나 혈액 중에는 장관(腸管) 등에서 만들어진 세로토닌도 있으므로 혈액이나 소변중의 세로토닌이 많아져도 뇌 속의 세로토닌이 증가하지는 않습니다. 그러므로 혈중이나 소변에 있는 세로토닌의 변화가 뇌에 의한 것인지 그렇지 않는지를 확인하는 것은 세심한 주의가 필요하다.

2. 세로토닌 신경이 왜 약해지는가?

우리는 살기 위해서 호흡합니다. 태어나서 죽을 때까지 자고 있을 때도 쉬는 일 없이 호흡의 리듬운동을 그만두지 않습니다. 자율 기능으로서의 호흡이 거기에 있습니다. 그런데 이 자율성의 호흡이 일의 긴장으로 부지불식간에 억제해 버립니다. 일에 집중한 나머지 무의식가운데 숨을 멈춰 버립니다. 특히 최근에는 사무직이 많아 컴퓨터 화면을 보면서 거의 신체를 움직이지 않는다. 에너지 소비의 점에서는 수면 시와 거의 다르지 않기 때문에 호흡량도 적다.

그런데 귀찮은 일로 긴장하고 있을 때에는 호흡을 무의식중에 강하게 억누르고, 얕고 소폭의 호흡 패턴이 되어 있습니다. 자고 있을 때는 조용하고 느긋한 호흡 패턴을 하고 있는 것과는 큰 차이가 있습니다. 현대의 아이들이 패밀리 컴퓨터에 의한 숨을 죽이는 생활을 일상화시키면 세로토닌 신경이 약해져 버립니다. 실제 패밀리 컴퓨터를 하고 있을 때에 호흡을 측정해 보면 거의 호흡을 하지 않는 정도로 숨을 멈추고 있습니다.

그것을 매일 게다가 수 시간도 반복하고 있으면 세로토닌 신경은 약해져 버립니다. 평상시에 생활하고 있으면 3의 레벨의 세로토닌 신경의 활동이 2나 1에 떨어져 버립니다. 패밀리 컴퓨터에 의한 숨을 멈추는 생활이 일상화해 버리면 세로토닌 신경이 약해져버려 기분을 우울하게 하여 감정을 제어할 수 없게 되는 것이 외톨이 아이를 만들어 버린다고 생각할 수 있습니다.

　어른이나 아이도 신체를 움직이지 않기 때문에 세로토닌 신경은 약해지고 있다. 세로토닌 신경이 약해지면 약간의 일로 흥분하여 그것을 제어할 수 없게 됩니다. 패닉 장해, 과식과 거식을 반복하는 섭식 장해, 아침의 잠에서 깨기 힘들어지고, 자세근육이나 항중력근(抗重力筋)에의 촉통효과(促痛效果)도 약해지고, 자세가 나빠서 곧바로 주저앉아 버립니다. 아픔에 대한 반응의 과잉으로 컨트롤이 듣지 않는다. 약간의 아픔으로 소란을 피우게 됩니다. 뇌 내의 세로토닌 농도를 높게 유지하는 약이 있지만 부작용의 걱정도 있어 약을 사용하지 않고 리듬 운동을 계속하는 것으로 약해진 세로토닌 신경을 다시 단련하지 않으면 안 됩니다. 외톨이 아이, 패닉 장해, 우울증 등의 치료에는 신경정신과에서 신경안정제의 일종인 SSRI(Selective Serotonin Reuptake Inhibitors, 선택적 세로토닌 재흡잡저해약)가 사용되어 오고 있습니다. 뇌 내의 세로토닌 농도를 높게 유지하는 약입니다.

　구미에서는 최근 감기약과 같이 범용되고 있다고도 합니다.

3. 세로토닌 신경의 작용

가. 잠에서 깨어나는 경우에 활동한다.

　다음에 이 신경은 무엇을 하고 있는가를 생각해 보자. 이 신경은 수면과 각성에 깊은 관계가 있어 뇌 속에서 세로토닌이 발견된 당초에는 수면과의 관계로 주목 받았다.

　그러나 그중에 세로토닌 신경은 자고 있는 경우에는 거의 활동을 하지 않고 특히 램(REM)수면이라고 하는 깊은 수면에서는 전혀 활동하지 않는다는 것을 알게 되었다. 그래서 아침에 눈을 뜨면 활동을 시작하여 주간에는 활동을 계속하기 때문에 눈을 뜨고 있을 경우에 확실히 의식을 조정하고 있다는 것을 알게 되었다.

나. 겨우 수 만개의 세포로 뇌 전체에 영향을 준다.

앞에서 봉선핵(縫線核)이라고 들어보지 못한 말이 나왔습니다.
이것은 읽는 글자와 같이 봉제선의 선에 있는 핵이라는 의미이다. 대뇌, 소뇌, 연수 등 이라고 하는 신경의 집합은 우뇌, 좌뇌라고 부르는 것과 같이 몸의 좌우에 거의 대칭적으로 분리되어 있습니다. 그렇지만 봉선핵은 좌우로 분리되어 있지 않고 중앙에 있습니다. 그렇지만 이 장소는 우리들이 수태하여 사이가 없는 물고기 모양을 하고 있는 때부터 이미 만들어진 뇌의 일부이다.

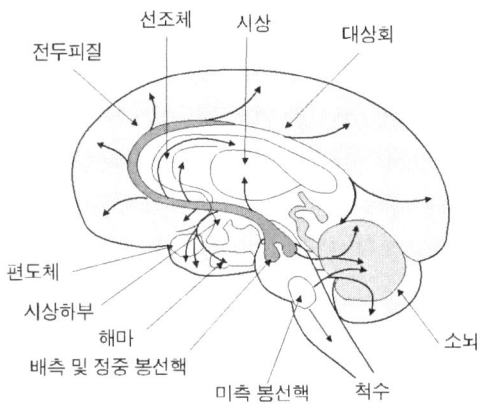

그림 7- 1 뇌와 세로토닌 신경

그러므로 생명의 기본에 관계하여 활동하고 있다는 것을 이해해 주실 수 있는 것이라고 생각합니다. 그러나 봉선핵은 대단히 적어서 여기에 있는 세로토닌 신경의 수는 정확히 셀 수는 없지만 인간이라도 겨우 수 만개 정도이다. 뇌 전체의 신경세포가 약 150억 개가 있다고 보면 극히 적다는 것을 알 수 있다. 적기 때문에 이 신경은 신경섬유의 말단에 수 만개로 분기되어 있어 뇌의 넓은 범위에 까지 영향을 미치고 있다.(그림 7- 1).

인간이라면 일대일로 대화를 하면 자세히 상대에게 정보를 보낼 수 있지만 수많은 상대에게 하는 연설은 대략의 개념 밖에 전 할 수 없습니다. 그와 같이 세로토닌 신경은 자세한 것을 하는 것이 아니라 대충 뇌의 활동을 총합적으로 연출하고 있는 것이라고 생각된다.

다. 일정한 리듬을 가지고 뇌의 상태를 만든다.

일반적으로 신경은 하나의 정보를 받으면 흥분하여 신경섬유의 말단에 있는 시냅스(Synapse)을 경유하여 다음의 신경이나 근육에 그의 정보를 전한다. 그것을 신경 임펄스라고 부르는 것이다. 예를 들면 개구리의 신경을 자극하면 근육이 일순간 "픽" 하고 움직이고 다음은 움직이지 않는 것을 실험을 통하여 알고 있다고 생각합니다. 이와 같은 신경은 하나의 정보에 대하여 하나의 반응을 일으키고 다음의 정보가 올 때까지 자신은 아무것도 하지 않는다. 세로토닌 신경도 임펄스를 내지만 그 내는 방법에는 다른 신경세포에 없는 특징이 있습니다. 그것은 다른 신경에서의 자극과는 관계없이 자신으로부터 계속 활동하고 있는 것과 우리가 눈을 뜨고 있는 중에 1초에 2-3회로 거의 일정한 비율로 리드미컬하게 신호 임펄스를 계속 내고 있다는 것이다.(그림7- 2)

세로토닌 신경은 어느 태엽시계의 음이 그것보다도 약간 느린 리듬으로 펄스신호를 계속 내고 있는 것으로 된다. 다른 것으로부터의 자극에 반응하는 것이 아니고 자신으로부터의 일정한 리듬이 생기는 것으로부터 세로토닌 신경은 백그라운드 음악과 같이 일종의 분위기나 무드와 같은 상태를 대상의 신경에 주고 있다고 하는 것을 알았습니다.

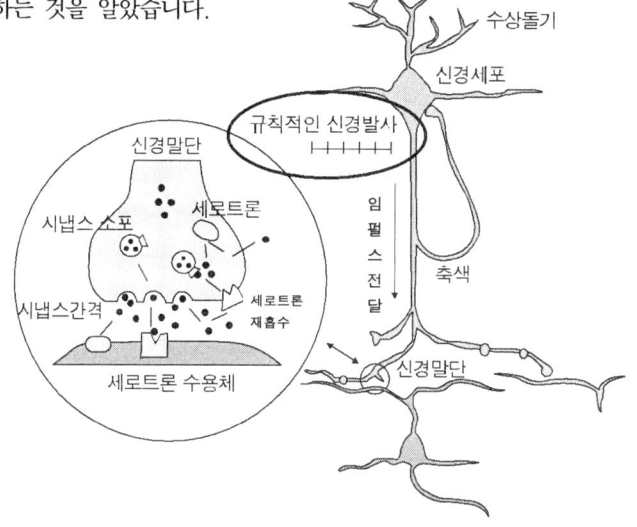

그림 7 - 2 세로토닌 신경의 구조

라. 원기를 만든다.

상태가 주어진다고 해도 신경이 내는 임펄스의 정보는 다음 신경의 활동을 촉진하거나 억제하는 2종류가 있다. 그러므로 1개의 세로토닌 신경이 수 만개의 세포에 계속 주고 있는 정보는 [상대의 신경의 활동을 촉진하고 있는가?, 억제하고 있는가?]로 된다. 그것을 주간에 눈을 뜨고 있는 중에는 뇌 전체에 영향을 주고 있기 때문이다. 그래서 이 세로토닌 신경이 순조롭게 작동하고 있으면 주간의 뇌의 활동은 대단히 좋은 상태로 된다.

정신적으로는 의식이 확실하고, 신체적으로는 자세도 똑바르고, 얼굴에 힘이 생기는 [원기]의 상태를 만들어 내는 것이다. 상태가 주어진다고 말하는 것은 신경 전달물질을 주고받는 시냅스라고 부르고 있는 부분의 구조라고 말한다. 신경세포가 연결되어있는 신경섬유의 말단과 다음의 신경이나 신경섬유와는 계속 연결되어 있는 것이 아니고 약간 떨어져 있습니다. 그 사이에 신경전달물질이 방출되어 순간적으로 다음 세포에 정보를 전달하는 것입니다. 그렇지만 세로토닌 신경의 경우에는 표적이 되는 신경에 대하여 비교적 떨어져 있으므로 세로토닌의 방출이 행하여진다.

따라서 완만한 작용을 주는 효과를 가져 온다. 이것은 원기라고 하는 상태가 서서히 나타나 비교적 장시간 지속하는 것과 잘 대응하고 있습니다. 뇌의 활동을 차의 엔진과 비유하면 이와 같은 세로토닌 신경의 활동은 뇌 전체의 아이들링 (자동차의 공회전)상태를 연출하고 있다고 생각된다. 엔진이 정지하여 있을 경우에는 세로토닌 신경이 활동하지 않고 있다가 엔진이 움직이기 시작하면 세로토닌 신경이 활동하기 시작한다. 아이들링 상태이다. 언제나 엔진이 고장이 난 것과 같은 아이들링이라면 힘차게 출발하는 발진도 걱정이 되어 급경사를 올라가지 못할지도 모릅니다. 이와 같이 세로토닌 신경의 활동이 특히 나빠서 예를 들면 마음에 영향을 주는 상태가 우울병이나 PTSD(심적 외상 후 스트레스장해)로 된다. 엔진의 상태가 좋아 좋은 아이들링 상태라면 항상 쾌적한 드라이브가 되는 것과 같이 뇌가 좋은 아이들링 상태라면 심신이 원기 있게 활동하게 된다.

마. 평상심을 가져온다.

　세로토닌은 스트레스에 관계하는 신경에 작용하여 불안이나 공포심을 불러일으키지 않도록 하거나 또 역으로 너무 기뻐서 날 뛰지 않도록 하여 평상심을 만든다. 희로애락이라는 말이 있다. 우리들의 일상생활에서는 기쁨이나 슬픔, 불안 등과 같은 여러 가지로 감정의 변화가 항상 일어나고 있습니다. 스포츠에서도 경기의 시작하기 전에는 불안도 있기도 하여 꿈에 까지 나타나는 큰 시합에 출전한다고 하는 기뻐서 날 뛰는 경우도 있다. 시합 중에는 자기의 조그마한 실수로 동요하여 [틀렸다]라고 생각되어 갑자기 지금까지 성공한 서브가 들어가지 않은 경우도 있다. 실패의 연속으로 패닉에 빠지는 경우도 있다. 그런 것을 생각하면 전반전에 의외로 우세하여[됐]다. 이겼다고 생각했는데 갑자기 형세가 역전되어 지는 경우도 있다고 생각한다.

　이러한 희로애락은 생체가 살아가는데 중요한 감정이다. 원시시대를 상상해 보십시오. 맹수에게 습격당한다고 하는 위험을 느끼면서 불안을 생각하지 않는 즉 경계심이 없으면 살아 갈 수가 없다. 이와 같은 감정의 변화를 신경생리학적으로 보면 어떤 자극에 대하여 불안이나 공포에 관련하여 반응하는 신경이 노르아드레날린(noradrenaline) 신경, 어떤 자극에 의하여 기뻐하거나 흥분하여 뛰는 것에 반응하는 신경이 도파민 (Dopamine) 신경이다.

　우리들의 마음의 변화에 관계하는 신경은 그 밖에도 있지만 대충 말하면 이의 노르아드레날린 신경과 도파민 신경의 활동의 변화가 희로애락을 만들고 있다고 한다. 그러나 이것이 너무 격렬하면 사물을 잘 처리 할 수가 없다. 신경생리학적으로 말하면 노르아드레날린 신경도 도파민 신경도 정상적으로 활동하지 않으면 살아 갈 수 없고, 그렇다고 해도 그것이 너무 흥분하면 좋은 결과를 얻을 수 없다. 그러므로 노르아드레날린 신경과 도파민 신경의 활동의 양쪽을 적당히 억제하는 것이 필요하게 된다. 이것이 바로 세로토닌 신경이다.

  세로토닌 신경은 희로애락을 적당히 억제하게 되므로 평상심을 유지할 수 있는 것이다. 이러한 것을 한번 스포츠의 세계에서 생각해 보자. 최고 선수를 목표로 하는 사람들은 구체적인 기술을 극한에 까지 연마하는 트레이닝을 하고 있습니다. 그렇지만 100% 완벽한 경기를 항상 할 수 있는 것은 아니고 실패도 으레 따르기 마련이다. 그러한 실패에 구애되면 [또 실패하지나 않을까?] 라고 하는 불안이나 공포의 감정이 생기게 된다. 결국 노르아드레날린 신경이 흥분한다.

  올림픽이나 세계선수권과 같은 큰 시합이 되면 엄한 트레이닝에 견디는 예선에 이겨서 [경기에 나간다]라고 하는 것만으로 이상하게 흥분 할 가능성이 있다. 기분이 상기되어 현실로부터 들떠있다. 그것은 도파민 신경이 흥분하여 있는 상태이다. 그래서 관중의 눈에 노출되고 전 세계의 텔레비전에 방영된다. 자기의 일거수일투족이 전 세계로부터 평가된다. 불안이나 공포도 상기되는 자극이 극한에 달하는 이유이다.

  이러한 상태에서는 항상 노르아드레날린 신경은 실패나 지는 것과 결합한 자극에 대하여 흥분하고 있거나, 도파민은 성공이나 승리와 결합한 자극에 대하여 흥분하고 있다. 그 흥분은 극한에 까지 높일 수 있다고 말할 수 있습니다. 이러한 경우에 같은 실력, 같은 신체적 컨디션에서 같은 경기라면 평상심에서 경기하는 선수는 최고의 실력을 발휘하여 이기겠지요. 그런 평상심은 노르아드레날린 신경과 도파민 신경의 흥분을 세로토닌 신경이 적당히 억제하는 것으로 가능하다.

바. 근육을 강하게 하여 순발력을 높인다.

세로토닌 신경은 척수(脊髓) 속에서 운동신경에도 가지고 있습니다. 그렇다고 해도 세로토닌 신경을 아무리 자극하여도 근육은 움직이지 않는다. 대뇌로부터 [움직이라는]명령이 운동신경에 전해지는 경우에 세로토닌 신경이 원기 있게 활동하고 있으면 근육이 대단히 강하게 반응한다. 이것은 동물을 사용한 실험에서 확인 되고 있다. 운동신경을 자극하면 근육이 움직이지만 이때에 세로토닌 신경이 운동신경에 영향을 주고 있으면 근육은 대단히 강하고 크게 수축하는 것이다.

이와 같은 세로토닌 신경의 활동을 생리학에서는 촉통(促通)이라고 한다. 만약 평상시에 세로토닌의 레벨을 높게 올리면 촉통에 의하여 운동신경의 반응의 레벨은 대단히 높게 되어 순발력이 발휘되게 된다.

사. 자세근(姿勢筋)을 자극한다.

세로토닌 신경은 운동신경 중에서도 특히 항중력근(抗重力筋)을 지배하는 운동신경에 관계하고 있다. 항중력근이라는 것은 중력에 저항하여 활동하는 근육이다. 발의 근육은 모두 그렇고, 복근, 배근 등도 항중력근 이다. 결국 우리들이 서 있는 자세를 유지하는 경우에 사용되는 근육은 모두 항중력근 이다. 소위 자세근(姿勢筋) 입니다만 세로토닌 신경의 말단은 이의 항중력근의 신경에 보다 많이 펴져 있다. 그러므로 세로토닌 신경이 활성화 하면 하반신이 강해져서 자세가 정돈되어 바르다. 재미있는 것은 얼굴의 근육에도 항중력근이 있습니다. 예를 들면 눈꺼풀의 근육은 눈을 뜨고 있기 때문에 중력에 저항하여 활동하지 않으면 안된다. 세로토닌 신경이 활성화 하면 얼굴에도 활기가 있게 보인다.

4. 단전호흡은 세로토닌 신경을 활성화하여 정신을 안정화 한다.

좌선중의 사람의 뇌파를 조사하면 매우 흥미로운 현상이 일어나고 있다. 최초로 나오는 것이 늦은 α 파로 일반적으로 느슨한 뇌파로 불리고 있는 것이다. 한층 더 좌선을 계속하고 있으면 빠른 α 파가 많이 나온다. 이 때 세라토닌 신경의 기능이 높아진다.

의식의 감각으로서는 전자는 졸음이 오는 것이지만, 후자의 경우는 문자대로 「깨끗이 상쾌」한 감각, 심신 모두 각성 한 건강한 상태이다. 이것이 단순한 느슨함과 좌선과의 결정적인 차이라고 말할 수 있다. 여기서 중요한 것은 복근을 사용하는 단전호흡을 하는 것이다. 횡격막 호흡은 의식하지 않아도 자율 신경(의지와는 관계없이 내장의 기능을 조정하는 신경)이 마음대로 해 주는 호흡이다.

횡격막 호흡만으로는 아무리 해도 세라토닌 신경을 활성화 시키거나 뇌파를 바꾸거나 하는 일은 일어나지 않는다. 이것에 대해서 단전호흡은 복근을 일정한 리듬으로 의식적으로 움직이면서 실시하는 깊은 호흡이다. 좌선에서는 「단전(배꼽 아래)을 의식한 호흡」이라고 한다. 「의식하여 리드미컬하게 복근을 움직인다」라고 하는 점이 매우 중요한 포인트로 대뇌를 효과적으로 자극하여 세라토닌 신경을 활성화 시킨다. 이 단전호흡을 편하게 계속하려면 좌선의 자세가 가장 적합하다. 처음은 자세를 유지하는 것이 괴로워도 세로토닌에는 자세에 관계하는 근육을 활성화 시키는 작용도 있으니까 좌선으로 세로토닌을 활성화 하고 있으면 보통의 생활에서도 자연스럽게 자세가 좋아진다. 보통은 좌선을 하고 있어도 잡념이 연달아 생겨서 좀처럼 무심하게는 될 수 없다.

그런 경우에서도 호흡과 복근의 움직임에만 의식을 집중시키고 있으면 자연스럽게 머릿속이 텅 비어 있게 되어 선정에 들어 갈수 있다. 좌선과 세라토닌 신경의 작용은 다음과 같이 정리한다. 「좌선의 호흡」에 의해서 「세라토닌」이 분비되어 마음이 깨끗이 상쾌하게 되어 편안해 진다.

하마마츠 의과 대학 명예 교수 타카다 아키카즈 박사는 「천천히 하는 큰 심호흡에 의해서 혈중의 이산화탄소 농도가 증가하여 세로토닌이 분비된다. 세로토닌은 스트레스를 완화시키고 의욕을 높여 뇌의 건강에 좋다」라고 하였다. 좌선에 의한 「세라토닌」의 분비가 우리가 목표로 하는 「마음의 평온함」과 관계하는 것이 주목된다. 천천히 하는 단전호흡에 의한 정신의 안정화는 다음과 같이 정리할 수 있다. 호흡을 천천히 하면 혈중의 탄산가스(이산화탄소)의 양이 증가해 괴롭게 느낀다.

혈중의 탄산가스의 양이 증가하면 화학 수용기가 그것을 검지하여 뇌의 중추부에 있는 봉선핵을 자극해 세로토닌을 분비시킨다. 세로토닌은 감정의 근본이 되는 대뇌변연계(大腦邊緣系)에도 분비되어 정신이 안정된다. A10 신경은 뇌간의 중뇌(中腦)를 출발하여 중뇌→시상하부(視床下部)(욕구의 뇌)→편도핵(扁桃核)(좋고 싫음의 뇌)→해마(海馬)(기억의 뇌)→대뇌 기저핵((大腦基底核)(표정, 태도)→측좌핵(側座核)→내와피질(內窩皮質)(쾌감 스포트)→전두 연합야(前頭連合野)(창조성을 낳는 뇌)에 이르고 있다. 일명 쾌락 신경으로 불려 도파민이 이 신경을 전해진다. 중뇌를 출발한 A10 신경은 시상하부(視床下部)(성·식욕, 체온 조절을 맡는다)로부터 대뇌변연계(감정, 공격, 깨달음의 감각)을 지나서 측좌핵을 거치고 있다.

측좌핵은 의지를 낳는 뇌로서 알려진다. A10 신경은 그것을 쾌감, 각성에 의해서 구동해, 의지를 조장 하고 있다고 생각할 수 있다. 즉 쾌감에 의해서 의지를 낳고 있는 것이다.

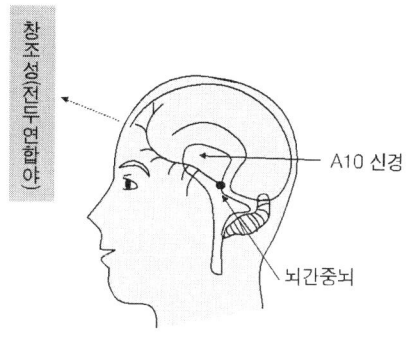

그림 7-3 A10 신경의 대개의 위치와 뇌내 분포

마지막에 대뇌 신피질(大腦新皮質)(전두 연합야(정신 활동에 관련한다)→측두엽(側頭葉)(기억, 학습에 관계한다)에 이른다.

그림7-3 에 A10 신경의 대개의 위치와 뇌 내 분포를 나타낸다. 이와 같이 A10 신경은 전두연합야 까지 늘어져 있지만 여기의 말단에는 오토 리셉터(자기 수용체)가 없다. 오토 리셉터(자기 수용체)는 신경전달물질의 양을 감지해 그 만큼 비량을 최적으로 조절한다. 그러나 오토 리셉터가 없기 때문에 도파민은 분비되고 있을 뿐 그칠 줄 모르고 쾌감을 낳는다. 그 때문에 전두 전두엽은 과잉 활동을 일으켜 시행착오를 하게 된다. 이것이 「창조성의 근원」이 된다고 생각할 수 있다.

제 8 장 세로토닌 신경을 단련한다.

1. 세로토닌 신경을 활성화하는 방법

가. 의식하여 리듬을 준다.

앞에서 세로토닌 신경이 여러분의 마음과 몸에 원기를 연출하여 준다는 것이라고 설명하였다. 세로토닌 신경이 잘 활동하면 순발력이 생기고, 자세도 바르게 되어 몸을 지지하는 하반신이 강해진다. 자세가 바르면 동작자세도 안정된다. 더욱더 트레이닝이나 시합 중에 좋은 심신의 상태를 만들어 준다. 다시 말하면 일어나서 활동하는 경우에는 언제라도 세로토닌 신경이 확실히 계속하여 활성화되기를 바란다고 누구도 생각한다. 그래서 이 신경을 활성화하기 위해서는 어떻게 하면 좋을까 하고 프린스톤 대학의 야곱스 등에 의하여 여러 가지의 실험을 해 왔다. 먼저 최초에는 이 신경은 일어나서 있는 경우에는 활동하므로 [큰 소리를 지르거나, 피부를 꼬집거나 때려서 통증을 주는 각성자극으로 활발하게 되는 것은 아닌가?]라고 생각 하였습니다. 그래서 동물을 사용하여 그러한 자극으로 세로토닌 신경이 어떤 영향을 받는가를 조사 하였습니다. 그런데 각성자극에는 노르아드레날린 신경은 반응하지만 세로토닌 신경은 꿈쩍도 하지 않았습니다. 앞에서 노르아드레날린인 신경은 불안에 관련되어 반응한다고 설명하였지만 이 신경은 뇌 속에서도 세로토닌 신경과 비슷하여 역시 뇌의 넓은 범위에 정보를 보내고 있습니다.

그렇지만 REM (rapid eye movement) 수면 시에는 활동을 하지 않고, 일어나 있는 경우에는 세로토닌 신경만큼 리드미컬은 아니지만 활동 레벨이 높아서 노르아드레날린 신경도 각성에 관계하는 신경이라고 말한다.

그렇지만 노르아드레날린 신경은 아픔이나 소리, 협박한다, 때리거나 억누르는 등의 각성자극에 즉시 반응한다. 이런 성질 때문에 노르아드레날린 신경은 불안이나 스트레스에 관계하여 활동을 하는 것이라고 말하는 것이다. 그렇지만 세로토닌 신경은 각성자극에는 전혀 반응을 하지 않는다. 예를 들면 개나 고양이가 마주쳐서 멍멍하고 짖으면서 싸우는 경우에 조사를 해 보았지만 그러한 경우에도 반응하지 않는다.

발열시키거나 약으로 혈당치를 올리거나 내리는 등 몸속의 상태를 변화시키는 스트레스라도 반응하지 않는다. 결국 스트레스 자극이나 각성자극에도 세로토닌 신경을 활성화 시키는 것은 할 수 없었다. 그러한 시행착오의 결과 겨우 알게 된 것은 [의식적 리듬을 주는 운동에 의하여 세로토닌 신경이 활성화 된다]라는 것이다. 러닝머신에서 쥐를 계속 달리게 하는 장치가 있습니다. 여기에 쥐를 계속 달리게 하였는데 세로토닌 신경의 활동은 운동의 리듬에 맞추어 점점 흥분한 것입니다. 인간에 의한 실험도 있습니다. 예를 들면 요가의 명상 입니다. 명상이라는 것은 리듬적인 운동으로 호흡법이 중심입니다.

또 성전의 찬가도 반복되는 말로 부르는 경우도 있지만 이것도 리듬이다. 그러한 명상을 하고 있는 경우에 세로토닌의 데이터가 얻어 지고 있습니다. 약 30분간의 요가의 명상의 전후에서 세로토닌이 어떻게 변하는가? 수행자와 평상시에 아무것도 하지 않은 사람과 같이 명상을 하도록 하여 비교해 보았습니다. 평상시에 수행을 하고 있는 사람은 원래 세로토닌의 레벨도 어느 정도 높지만 명상을 하면 그것이 훨씬 증가하는 것이다. 더욱이 최근 우리들은 학생을 피험자로 하여 좌선의 호흡법인 단전호흡법을 30분간 실시하도록 하여 그 전후에서 소변과 혈액 중에서 세로토닌의 변동을 조사해 보았습니다. 그 결과 30분간의 호흡을 실시한 후에는 혈액중의 세로토닌 레벨이 상승하는 것이 증명되었다. 소변 속의 세로토닌은 혈액보다도 약간 변화가 늦지만 확실히 증가하는 결과가 나왔습니다. 이들의 실험 데이터는 [좌선의 세로토닌 가설]을 지지하는 유력한 증거이다. 또 30분간 호흡법을 하는 경우에 뇌파를 연속 기록하여 조사했는데 좌선 중에 출현하는 것으로 알려져 있는 알파파가 자주 나타나는 것도 확인하였습니다.

자전거의 힘 측정기를 사용하여 페달을 밟기 전후에 소변 속의 세로토닌의 농도를 측정하는 실험도 하였습니다. 자전거의 프로 경기자와 보통의 학생을 피험자로 하여 비교하였다. 프로 선수와 학생과를 같은 조건에서 시험을 하여야 하므로 먼저 같은 부하를 걸어서 조사하였다. 그 결과 학생은 세로토닌이 증가 했는데 프로선수는 그 만큼 증가하지 않았다. 왜 그러냐 하면 프로 선수에 물어 보았는데 그들에게 있어서는 부하가 너무 가볍다는 것을 알게 되었습니다. 그래서 프로선수는 피로하지 않을 정도로 계속하는 적당한 부하를 더욱더 걸어서 [의식을 하여 밟아 주세요]라고 말하고 실험을 했습니다. 그 결과 밟기 시작하면 세로토닌이 잠시 줄어들었습니다만 그 이후 확실히 증가 하였습니다.

이때의 세로토닌의 증가방법은 학생의 증가방법보다도 현격히 큰 것이었다. 이와 같은 여러 가지 실험을 통하여 약 30분간 정도 리듬을 주면 세로토닌의 레벨은 어느 높이로 유지되는 것을 알았습니다. 좌선에서는 향에 불을 붙이고 1개가 모두 타는 것을 1 사이클로 하여 앉지만 그 시간이 약 30분이다. 오랜 역사 속에서 좌선의 효과가 나오는 데는 이 정도의 시간이 필요하다는 것을 알고 있다. 또 리듬적인 운동이라고 하여도 그냥 리듬이

144 세로토닌 신경의 단련으로 말더듬은 반드시 교정된다

있으면 좋은 것이 아니고, [의식하여 리듬을 주는 것이 중요하다]라는 것도 잘 알았습니다. 의식적인 리듬성의 운동이라면 정도의 차이는 있지만 어떤 것이라도 세로토닌 레벨은 올라간다. 레벨을 올리는 것으로는 호흡법, 씹는 것, 보행, 조깅 등이 있다. 단 보행이라고 하여도 지루하게 걷는 것은 효과가 없다. 씹는 것도 껌을 씹는 경우에는 거의 리듬을 의식하지 않는다. 밥을 먹는 경우에도 그렇습니다. 그러한 운동은 세로토닌 레벨이 그다지 오르지 않습니다. 무의식적으로 하는 평상시의 호흡의 경우도 그렇습니다. 씹는 것이라고 하면 기공법에 50회 씹는 방법이 있습니다. 입에 아무것도 넣지 않고 단지 씹는다는 행위만을 하는 것이지만 이것은 의식하여 힘껏 턱을 움직이는 것이다. 이렇게 하는 방법이 좋습니다. 자기의 의지로 의식적으로 리듬을 만들면 이 세로토닌 신경이 활성화하여 원기 있는 상태를 주게 됩니다. 더욱더 [규칙 바르게 하는 리듬을 반복하는 것이 중요하다. 리듬이 이상하면 세로토닌 레벨이 올라가지 않는다.

리듬이 이상하다고 하는 것은 다른 무엇인가에 주의를 기울이는 것이다. 예를 들면 자전거를 타면서 [좀 더 빨리 밟자][오늘은 쾌적하다]라고 하는 잡념이 생기면 이미 정신이 흐트러진 것이다. [의식하여 주세요], [그렇지만 정신이 흐트러지지 않게 규칙 바르게 하는 리듬으로 하여 주세요]라고 하는 것이다. 단순하지만 그것이 포인트 이다. 배를 조이면서 하는 단전호흡법은 의식적으로 리듬을 만드는 운동으로 가장 철저하게 한다.

특히 1분간에 2회 정도로 천천히 하는 호흡이 되면 상당히 의식적으로 되어 세로토닌 신경을 활성화 시키는 것은 보다 효율적인 가능성이 있다. 명상의 경우도 자전거를 타는 경우도 그것을 항상 하고 있는 사람과 그렇지 않는 사람도 30분간의 사이에

세로토닌 레벨이 올라가는 비율이 다른 이유는 항상 그것을 하고 있는 사람은 자기의 페이스를 확실히 확립하고 있기 때문인지도 모르겠다. 우리의 주위를 생각하면 실은 리듬의 운동투성이입니다. 아이가 기는 것도 리듬의 운동입니다. 자폐증의 치료는 일부러 기는 운동을 시키면 좋아집니다. 그것은 리듬의 운동입니다. 그리고 달리기, 추잉검을 씹기, 춤추거나 수영 및 좌선을 한다. 이런 어려운 일이 아니어도 우리 특히 아이의 환경에는 리듬의 운동 투성이 입니다. 줄넘기라도 좋습니다. 달음박질이라도 좋습니다. 그것을 단 1일 30분 만해도 세라토닌 신경은 약해지지 않습니다. 물론 게임을 하면 안 된다든가, 집에 틀어 박혀서 쭉 게임에 빠진다는 것과는 별도입니다. 최저 1일 30분 반복해 보세요. 다음의 시도는 훌라 춤입니다.

이것은 60에서 80세의 여자들도 훌라 춤이 확실히 세로토닌 신경을 활성화 합니다. 이 사람들은 약 6개월 훌라 춤을 추고 그 후에 세로토닌을 측정했습니다만 레벨은 모두 증가합니다. 그리고 최근 재미있는 것은 드럼을 치게 한다. 초등학교의 음악의 선생님입니다만 교육에 드럼을 사용한다. 이 포인트는 무엇인가 하면 가르치지 않습니다. 드럼을 치는 것을 음악으로 가르치는 것이 아니라 드럼을 친다고 하는 즐거움만을 시킨다. 가르치는 것은 무엇인가 말하면 다치지 않게 치는 방법만을 가르친다.

그 안에는 역시 문제아가 들어가 있습니다. 다동증적인 아이도 있고, 자폐증 같은 아이도 있다. 그렇지만 치는 리듬이 전혀 다릅니다. 다동증적인 아이라고 하는 것은 이제 대단히 과격한 소리로, 모두가 놀라는 소리를 내지만 그것을 모두가 함께 리듬운동을 하면 좋습니다.

나. 세로토닌은 일단 줄어들고 나서 증가한다.

그런데 세로토닌 신경에는 번거로운 성질이 하나있다. 그것은 일조일석에는 세로토닌 신경이 활성화되지 않는다. 그렇다고 하는 것은 세로토닌 신경을 활성화시키는 운동을 하면 잠시 후에 일단 세로토닌 신경의 활동이 떨어진다고 하는 현상이 있습니다. 그래서 그것을 극복하면 전보다 좋아진다는 것이다. 이것은 세로토닌 신경의 구조에 원인이 있다. 신경세포는 일반적으로 정보를 전달하는 수용체이라고 하는 장치를 가지고 있다.

정보가 수용체로부터 신경에 들어오면 신경세포는 활동을 촉진하거나 억제하거나 한다. 세로토닌 신경자신도 여러 가지 신경으로부터 정보를 받는 수용체를 가지고 있다. 그 중에서 특수한 수용체가 하나 있다. 세로토닌 신경이 세로토닌 신경 자신으로부터 정보를 보내는 수용체이다.

그것을 자기수용기(Auto receptor)라고 부른다. 자기수용기는 세로토닌 신경의 활동을 억제하는 것과 같이 작용한다. 호흡법을 실시하여 리듬적인 운동으로 세로토닌 신경의 활동이 활성화 되면 이 자기수용기가 활동하여 세로토닌 신경의 활동을 원래의 상태로 돌아오게 된다. 이것을 자기조절이라고 말 하지만 이 때문에 세로토닌 신경은 활동을 일시적으로 약하게 된다. 이것은 조급한 사람은[열심히 좌선을 하면 반대로 나빠진다라고 생각해버리는 지도 모르겠다. 생각과 같이 활성화되지 않기 때문이다. 그래서 매일 계속적으로 세로토닌 신경을 계속 자극을 하게 되면 어떻게 될까?

재미있는 것은 매일 자기수용기를 계속적으로 자극을 하게 되면 자기조절을 일으키는 수용체는 점점 줄어든다. 그렇게 하면 세로토닌 신경이 활성화되는 경우에 그것을 억제하는 활동이 감

제 8 장 세로토닌 신경을 단련한다. 147

소하여 높은 활동레벨이 유지되게 된다. 그것은 세로토닌 신경의 활동레벨이 평상시보다 높게 되는 효과로 된다. 그 결과 세로토닌 신경으로부터 정보를 받는 다른 신경에 대하여 보다 많은 세로토닌 효과를 주게 되는 것이다.(그림8 - 1)

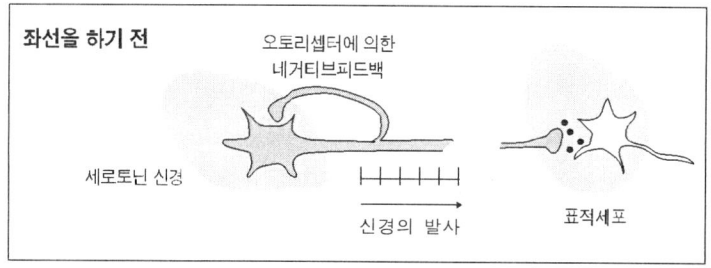

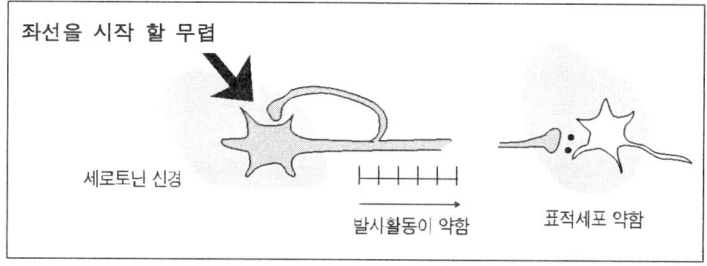

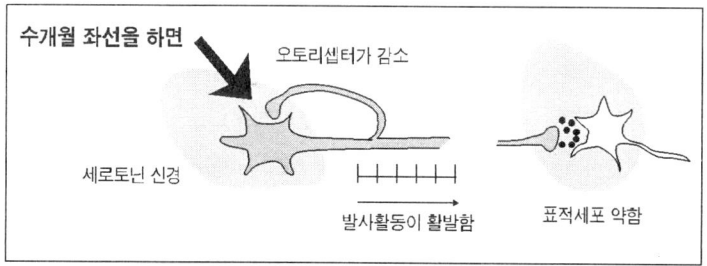

그림 8-1 세로토닌 신경의 자기조절기능의 변화

이것을 좌선의 호흡법을 실천하는 경우로 치환하면 호흡법을 시작하고 잠시 있으면 한번은 이전보다 불안감이 강해지거나 의욕이 약하게 되어도 3개월, 반년, 1년, 3년 계속하는 중에 머지않아 이전보다 원기가 나오게 되어 의식이 명석하여 사물에 구애되지 않고 스트레스를 자유롭게 피할 수 있다고 생각한다. 이것은 실재로 좌선의 경험이 있는 사람의 이야기와 일치한다. 또 옛날부터 백일참배나 백일기도라는 것을 하여 왔습니다. 무엇인가를 계속하여 효과가 나오려면 그 정도의 시일이 소요된다고 생각한다.

2. 세로토닌을 둘러싼 오해

가. 우유로 세로토닌은 증가하지 않는다.

최근 [이것을 먹으면 세로토닌이 증가하여 정신이 안정된다]라는 내용의 기사를 발견한 경우가 있습니다. 텔레비전에서도 [우유를 마시면 정신이 안정하다]라고 보도되는 경향이 있습니다. 우유에는 트립토판(tryptophan)이라는 아미노산이 많이 함유되어 있고, 이것은 세로토닌을 만드는 재료이다. 그래서 그와 같이 말하고 있는 것이다.

그러나 트립토판은 우유에만 극한하지 않고 우리들이 일상 먹고 있는 음식물속에 많이 들어 있다. 예를 들면 치즈에도 많이 들어 있고, 고기류에도 들어 있다. 그러므로 보통으로 식생활을 하고 있으면 부족하지는 않다. 평상시에 충분히 몸속에 저장되어 있으므로 너무 많이 먹는다고 하여도 세로토닌 신경의 활동이 증가한다고는 먼저 생각되지 않는다. 그러므로 현대인이 무엇을 먹고 나서 뇌 속의 세로토닌이 증가하여 정신을 안정하는 것은 아니라고 생각하는 것이 합리적이다. 단지 극단적으로 영양이 부족한 상태가 되면 별개라고 생각한다. 예를 들면 석가모니의 수행과 같은 경우이다.

제 8 장 세로토닌 신경을 단련한다. 149

　석가모니는 6년간 고행을 계속하였지만 최후에는 수십일 간도 단식을 하였다. 그러나 그것만으로는 깨달음을 얻지 못하고 있는데 스지야다라는 여인이 만들어준 우유죽을 먹고 체력을 회복한 것이 전해지고 있다. 이 경우는 우유죽에 포함되어 있는 트립토판이 뇌 속의 세로토닌의 증가에 도움이 되었다고 생각된다.
　여전히 트립토판이 혈액에서 뇌로 들어가는 효율을 올리기 위해서는 단백질을 함유하지 않은 탄수화물중심의 식사가 좋다는 흥미 있는 자료가 있습니다. 사찰에서의 식사는 동물성 단백질을 섭취하지 않는 것이 원칙으로 되어 있지만 그것은 뇌 내의 세로토닌 합성을 효율적으로 한다는 점에서 과학적인 근거를 가지고 있는지도 모르겠다.

　나. 세로토닌은 피로물질은 아니다.
　동물실험에서 운동에 의한 피로 시에 뇌 속의 세로토닌이 증가하기 때문에 세로토닌이 피로와 관계가 있는 것은 아닌가하는 설이 있습니다. 그 때문에 스포츠계에 관계하고 있는 사람 중에는 [세로토닌은 피로물질이다]라고 오해하는 사람도 많이 눈에 띕니다. 이 오해의 원인은 피로하면 체내에서 발생하는 유산과 관계가 있습니다. 피로권태가 될 때까지 운동을 계속하면 피로물질인 유산이 세로토닌 신경의 활동을 억제하여 우울상태나 근력저하를 일으키게 합니다.
　그 기구에는 세로토닌 신경이 스스로 내는 세로토닌을 다시 흡수하는 장치를 가지고 있는 것과 관계가 있습니다. 이것은 앞에서 설명한 자기수용기(세로트론 신경의 자기억제장치)와는 다른 장치이다. [재흡수 펌프]라고 부르고 있습니다만 펌프라고 말하는 것보다도 액체를 옮겨 넣는데 쓰이는 주입기와 같은 것을 상상하는 쪽이 알기 쉽다고 생각한다. 이것에 의하여 세로토닌 신경은 자기가 내는 세로토닌이 여분이 생기면 그것을 흡수하여 재이용하는 것이다.

150 세로토닌 신경의 단련으로 말더듬은 반드시 교정된다

지금 마라톤을 하고 있을 경우에 세로토닌 신경의 활동이 어떻게 변하는가를 재흡수펌프의 활동과 대응하여 봅시다. 마라톤은 전형적인 율동성 운동이므로 마라톤을 시작하고 20-30분이 지나면 세로토닌 신경의 활동이 높게 유지되게 된다. 세로토닌 신경말단에서 시냅스(신경전달물질을 주고받는 부분)에 점점 방출되어 원기 있는 상태를 만들어 간다. 이 경우에 재흡수 펌프도 그 나름대로 빨리 회전하여 세로토닌공급을 높게 유지하도록 작용한다. 어디까지나 남은 세로토닌을 재이용하는 것이 목적이다. 그렇지만 긴 시간 마라톤을 계속하고 있으면 점차 피로가 와서 페이스가 떨어지게 된다. 이 경우에 유산이 나오는데 유산이란 잘 알려진 것과 같이 근육이 운동하는 경우에 불완전연소를 하여 나오는 물질이다. 결국 이것이 나오게 되면 근육이 피로한 상태로 되는 것이다. 유산은 근육 안에서 뿐만 아니라 운동을 지령하고 있는 뇌 속에도 많이 나오게 된다. 그런데 뇌 속의 유산은 세로토닌 신경의 재흡수 펌프를 필요 이상으로 활동하는 작용을 한다는 것을 알게 되었습니다. 필요 이상이라고 하는 것이 포인트 입니다.

앞에서도 설명한 봐와 같이 세로토닌 신경이 활성화되면 많은 세로토닌이 방출되어 거기에 알맞게 재흡수펌프도 빨리 회전하여 될 수 있는 한 재이용을 하기 위한 세로토닌을 확보하도록 활동하는 것이므로 유산이 나오게 되면 재흡수펌프는 필요 이상으로 빨리 회전하게 된다. 그 결과 세로토닌 신경의 재흡수가 필요 이상으로 높아져서 점점 세로토닌을 세로토닌 신경자신의 신경말단에 모아서 저축을 한다. 이렇게 되면 세로토닌 신경이 영향을 주는 쪽의 신경에 충분히 세로토닌이 넓게 퍼지지 않게 된다. 뇌 속에는 세로토닌이 많이 저축되어 있어도 세로토닌의 신경 전달물질로의 역할을 충분히 발휘될 수 없는 상태이다.

제 8 장 세로토닌 신경을 단련한다. 151

그것은 세로토닌 신경의 활동이 억제되는 것과 같은 결과로 된다. 그래서 심신의 원기가 살아져서 마라톤을 계속하게 되면 고통스럽게 된다. 이와 같은 상황은 현재의 통화수축 상태와 유사하다.

거품경제가 붕괴된 이후에 개인소비가 냉각되어 돈이 시장에서 유효하게 유통되지 않는다. 선행의 불안에서 사람들은 조금이라도 돈이 생기면 사용하지 않고 저축하려고 생각한다. 시장은 점점 활성화가 되지 않게 된다. 이와 같이 세로토닌이라는 돈이 피로물질이라는 유산의 발생에 의하여 유효하게 사용되지 않고 저축되는 방향으로 되어버리는 이유와 같다. 결과적으로는 원기를 연출해야하는 세로토닌이 뇌 속에 대량으로 잔류하게 되어 역으로 피로라고 하는 상황이 초래되게 된다.

이러한 상황을 보고 세로토닌이 피로물질이라고 오해를 하게 되는 것이다. 원인과 결과가 바뀐 것이다. 즉 피로에 의하여 발생된 유산이 세로토닌 신경의 재흡수펌프를 과잉하게 동작시킨 결과로 본래의 세로토닌 역할이 억제되어 버리는 것을 세로토닌이 피로를 만드는 것이라고 오해하는 것이다. 원기를 연출하는 세로토닌 신경의 활동이 피로물질인 유산에 의하여 억제된 결과 점점 피로를 느끼게 되는 것이다.(그림 8-2)   여기에서 유산과 같은 작용과 세로토닌 신경의 관계는 실제로 임상에 의한 것으로 여기에서는 그 예를 소개한다. 패닉장해라고 하는 정신신경과의 병이 있습니다. 평상시에는 보통으로 생활을 하고 있지만 대수롭지 않은 일에 갑자기 패닉상태가 되어버리는데 이 병의 진단에는 유산을 한 방울씩 주입하여 패닉의 발작상태를 조사하는 것이다. 패닉발작은 세로토닌 신경의 활동이 억제됨에 따라서 일어나는 것이라고 생각한다.

152 세로토닌 신경의 단련으로 말더듬은 반드시 교정된다

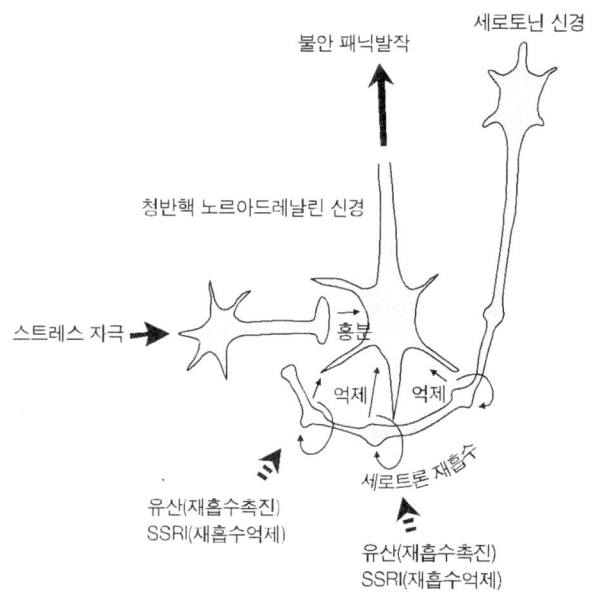

그림 8-2 세로토닌의 재흡수펌프

 그것은 패닉발작의 유효한 치료약으로 [세로토닌 재흡수저해제 : SSRI]라고 하는 약이 사용되고 있는 것으로부터도 설명된다. 우울증인 환자에게도 주로 사용되고 있는 신경안정제의 일종인 SSRI(Selective Serotonin Reuptake Inhibitors)는 세로토닌 신경말단에서 세로토닌의 재흡수를 억제하는 활동을 하는 것으로 뇌 속에서 세로토닌이 증가하는 것이다. 마치 유산과는 반대로 활동을 하는 것이다. 유산에 의하여 세로토닌의 재흡수를 촉진시키면 패닉발작이 일어나므로 SSRI의 작용에 의하여 재흡수를 억제하면 치료되는 것이다.

3. 근본적으로 세로토닌 신경을 단련하기 위한방법

　지금까지의 설명으로 세로토닌 신경의 활동이나 성질에 관하여 잘 이해하리라 생각되지만 약을 사용하는 것에 대해서는 최후에 까지 신중하게 생각하여야 한다. 세로토닌의 신경의 활동이 억제되어 슬럼프에 빠지게 되면 SSRI(세로토닌 재흡수저해제)라는 약을 복용한다고 설명하였지만 지금까지 해설한 것과 같이 세로토닌 신경은 까다로운 신경이다. 이와 같은 약을 사용하기 시작하면 여러 가지의 부작용이 발생하게 된다. 또 계속하여 사용하면 의존성의 문제도 머지않아 나타나게 된다. 그러므로 약에 의존하는 것 보다는 매일 매일 살아가면서 리듬적인 운동을 의식하여 실천하여 조금씩 세로토닌 신경을 단련하는 것을 추천한다. 시간은 걸리지만 호흡법, 조깅, 의식적인 보행운동 등과 같은 리듬적인 운동을 근기 있게 계속하는 것이다.

　스스로의 힘으로 심신을 원기 있게 하여 우울병이나 패닉발작을 극복하는 것이 좋다고 생각한다. 원래 리듬적인 운동에 의하여 세로토닌 신경을 단련하는 것과 SSRI에 의하여 세로토닌 신경의 활동을 보강하는 것과는 근본적으로 차이가 있다. 세로토닌 신경을 한 나무에 비유하면 리듬성 운동에 의하여 세로토닌 신경을 단련하는 것은 나무의 뿌리에 충분히 자양을 주어서 근간을 만드는 것을 의미한다. 한편 SSRI는 말초의 지엽에 작용하는 약이다. 세로토닌 신경의 말단에서 재흡수펌프의 활동을 저해함으로써 세로토닌 신경의 활동이 실제로 약해져도 마치 세로토닌이 시냅스에 충분히 분비되고 있는 것 같이 가장하여 활동을 하고 있다. 세로토닌이라는 나무에 가지가 쇠약해져서 입이 노래지는 경우에 입의 윤기를 좋게 하는 효과를 발휘하는 것으로 결코 뿌리나 근간에 자양을 주는 것은 아니다. SSRI를 계속 사용하는

154 세로토닌 신경의 단련으로 말더듬은 반드시 교정된다

한 확실히 얼핏 보면 세로토닌 신경이 원기를 회복하는 것과 같은 인상을 주는지도 모르겠다.

  그러나 약을 장기간 계속 복용하는 사이에 언젠가 세로토닌 신경의 뿌리와 줄기가 썩는 것을 간과해버리는 위험이 있다.

꼭 필요한 경우에만 약을 사용하고, 평상시에는 근기 있게 리듬적인 운동을 계속하여 세로토닌 신경을 근간부터 단련하는 것을 권한다.

제 9 장 말을 더듬는 사람들의 4가지 오해.

 나는 말더듬이가 얼마나 오해되어 편견의 눈으로 보여 지고 있는가라고 몸을 가지고 체험하여 왔습니다. 말더듬이가 가장 괴로워하는 말은 [말더듬이는 일생 교정되지 않는다]는 것이다. 교정되지 않는다고 생각하여 절망하는 사람이 의외로 많다. 그러나 정말로 교정되지 않은 걸일까? 그러한 것은 절대로 없다. 100% 완전하다고 말 할 수 없지만 99%까지는 교정이 되고 있다.

 그래서 여기서 설명한 교정방법으로 많은 말더듬이가 극복을 하여 교정되었습니다. 교정되지 않은 사람은 후술한 것과 같이 교정방법이 잘못되어 있기 때문입니다. 나는 여기에서 [말더듬이는 교정되지 않는다는 것을 잘못된 인식이다]라는 것을 소리 높여 이야기 하고 싶다. 그러한 잘못된 인식에 좌지우지해서는 안 된다. 그러면 왜 이와 같이 틀림없다고 믿어버리는 것일까?
거기에는 다음과 같은 말더듬이에 대한 잘못된 4가지의 오해가 있기 때문이다.

1. 말더듬이는 선천적인 장해

 [말을 더듬는 아이라고 진단받고 나서부터 말을 더듬기 시작한다]이것은 미국의 의사인 Wendell Johnson 박사의 유명한 말더듬이의 학설인 진단원생이론(診斷原生理論)이다. 이 학설을 읽어서 아는 봐와 같이 선천적인 말더듬이는 없다.

 이 책을 읽고 있는 당신도 틀림없이 말을 더듬기 전에는 일반 어린이와 동일하게 말을 잘 하였을 것이다. 그러나 그것이 어떤 계기로 함정에 빠져버린 것이다. 그 계기란 전에 설명한 것과 같이 [타인의 흉내, 감염, 정서불안이다. 그것만 없었다면 말더듬이는 되지 않았을 것이다. 말더듬이가 선천적이 아닌 것은 노래를 부르면 즉시 알 수가 있다. 아무리 심한 사람도 이상하게 말을 더듬으면서 노래를 부르는 사람은 없다. 그러나 왜 말을 더듬는가를 생각해 보면 그것은 당연한 것이다. 노래를 부를 때에는 말더듬이도 배 아래로부터 소리를 내고 있기 때문이다.

결국 크게 배로 숨을 들어 마시고, 숨을 내쉴 경우에는 복식호흡을 하지 않으면 노래를 부를 수 없다는 것을 몸이 알고 있는 것이다. 복식호흡이야말로 말더듬이를 치료하는 열쇠라는 것을 후에 설명하겠지만 그 복식호흡을 무의식중에 하고 있는 것이다.

[수족을 흔들면서 이야기 할 때] [혼자서 이야기 할 때][동물과 인형과 이야기 할 때] 등은 말을 더듬는 사람도 비교적 더듬지 않는 경우가 많다. 반대로 대부분 말을 더듬는 사람들은 [많은 사람 앞에서 이야기 할 때] [상관과 이야기 할 때] [사랑하는 사람과 이야기 할 때] [중요한 용건을 이야기 할 때]등에 말을 더듬는 경우도 있다.

여기에서 알 수 있는 것은 말을 더듬는 경우에는 대인관계나 긴장감이 크게 관계하고 있다는 것이다. 이로부터 말더듬이는 의사전달 장애이고 사회생활로 생기는 후천적인 장해라는 것을 확실히 알았다. 적면증상이나 시선공포도 같다고 말 할 수 있겠지요. 역시 증상이 나타나는 것은 대인관계나 긴장감이 있는 후의 일이다. 천진난만한 어린 시절에는 대인공포로 붉어지는 경우는 없었을 것이다. 이러한 의사전달 장애는 성장함에 따라서 증상이 심해지고 치료도 어렵게 된다.

왜냐하면 성인이 될수록 수치심이나 체면이 걱정이 되어 실패에 대한 불안이 크게 되기 때문이다. 그래서 나쁜 것으로는 몸에 고정화된 버릇은 시간이 경과함에 따라서 보다 단단히 고정화되는 것이다. 50, 60세의 중년 이상도 교정하고 싶다는 상담이 많이 의뢰오지만 후천적인 버릇에 따라서 이렇게 중년 이상의 고민은 심각하다.

2. 긴장하기 때문에 말을 더듬는 다는 것.

[긴장을 하면 말을 더듬는다]라고 호소하는 말더듬이로부터 편지가 끊이지 않습니다. 이양(28세)의 편지도 그와 같습니다.
[나는 연발성의 말더듬이뿐만 아니라 난발성 입니다. 특히 전화 시에는 심해져서 전화를 걸기 전부터 가슴이 두근두근 하여 소리가 나오지 않습니다. 그 때문에 점점 전화가 무서워 지금은 벨 소리만으로도 같은 상태가 됩니다. 최근에는 일상의 대화 시에도 간간이 끊겨서 말을 할 수 없습니다. 사람이 대단히 무섭습니다]

많은 말더듬이가 가지고 있는 고정관념이 [긴장을 하면 말을 더듬는다]라는 것입니다. 그러나 이 편지를 잘 읽어 보십시오. 이양은 긴장하기 때문에 말을 더듬는 것입니까? 그렇지 않고 긴장하기 전에 말을 더듬는 다는 상태가 되고, 이것이 긴장을 가져 오는 것이 아닐까요? 나는 어린 시절에 [침착하게 천천히 말을 하십시오] [심호흡을 하고 나서 말을 하십시오]하고 어머니나 학교 선생으로부터 잘 들었습니다. 어머니나 선생은 긴장을 풀고 안정된 상태에서 말을 하면 더듬지 않는다고 생각하시겠지요. 그러나 침착하게 천천히 말을 하여도 더듬는 것은 더듬는 것입니다.

또 긴장을 하지 않는 부모나 형제들 앞에서 말 하여도 역시 말을 더듬게 됩니다. 과연 [긴장하기 때문에 말을 더듬는다]라고 할 수 있을까? 나는 그렇게 생각하지 않습니다.

확실히 최초의 계기에 긴장이 있을지도 모르겠지만 말을 더듬는 것이 고정화되는 것은 [더듬기 때문에 긴장한다]는 것입니다.

158 세로토닌 신경의 단련으로 말더듬은 반드시 교정된다

그 증거로 같은 말더듬이라도 남을 흉내 낼 경우에는 심해지지 않습니다. 그것은 말을 더듬는 것을 걱정하지 않기 때문입니다.
말을 더듬는다는 것을 걱정하게 되면 말을 더듬는 것이 본격적으로 되어 갑니다. 더듬는 것을 걱정하게 되면 [말이 잘 나올까?][더듬어서 웃지나 않을까?][바보 취급은 받지 않을까?]라고 하는 불안이 입을 열기 전부터 모락모락 솟아 나온다.

그 불안이 심해지면 강한 긴장감이 생겨서 이것이 결과적으로 더듬는다고 하는 장해를 만들어 낸다. 결국 [더듬는 다고 하는 불안] - [긴장] - [더듬음] - [불안]이라고 하는 좋지 않은 쇠사슬이 끝없이 반복하게 된다. 이러한 악순환의 고리를 어느 곳에서 절단하지 않으면 말더듬이는 개선되지 않는다. 미국에서 실시한 말더듬이 연구에 [지연재생효과]라고 하는 흥미 깊은 실험이 있습니다. 이것은 피험자에게 이어폰을 통하여 자기가 지금 하고 있는 말을 0.1초 정도 지연시켜서 계속 듣는다는 것이다. 그러면 피험자는 자기가 이야기하고 있는 말이 의식이 되어 결국에는 말을 더듬지 않은 사람도 더듬게 되어버리는 것이다.

말을 정상적으로 하는 사람이라도 일상의 회화 시에는 그렇게 유창하게 말하는 것은 아니다. 때로는 막히고 때로는 말을 잘못하면서 이야기를 하고 있다. 그렇지만 그것을 이어폰으로 들으면 더욱 정확하게 더욱 유창하게 말하지 않으면 안 된다는 강박관념에 사로잡히게 됩니다. 그래서 심리적인 억압이 생겨서 강한 긴장감으로 되어 말을 더듬게 되는 것입니다. 이것은 말더듬이가 항상 느끼고 있는 심리이다.

그와 같은 심리가 [지연재생효과]에 의하여 말을 더듬지 않는 사람에게 재현되는 것이다. 환언하면 정상적인 사람이 말을 더듬지 않는 것은 끊임없이 자기가 어떻게 말하고 있는가? 라고 일일이 신경을 쓰지 않기 때문이다. 그렇지만 말더듬이는 [더듬지나 않을까?]라고 항상 자신의 말에 겁을 내고 있다.

　그렇게 꼼짝 못하는 말의 불안이 강한 긴장으로 되고, 그 긴장감이 말을 막히게 한다. 이 긴장감을 푸는 것은 예사로운 일이 아니다. 그러나 말을 더듬는 실태가 치료되면 자연히 긴장감도 사라져 갑니다. 이것으로부터 알 수 있는 것과 같이 긴장하기 때문에 말을 더듬는 것이 아니라 더듬는 다는 것이 긴장감을 불러오는 것이다. 그러나 어떻게 하여도 긴장은 말을 더듬는 것에 그림자같이 따라 다니기 때문에 이 양자를 갈라놓는다는 것은 될 수 없다.

3. 말더듬의 원인 불명

　나는 말더듬을 연구하기 위하여 지금까지 몇 권의 의학서적을 읽어 보았습니다. 어린 시절부터 의학에 흥미를 가지고 의학부를 목표로 한 경험이 있는 나는 이러한 연구에는 다른 사람보다도 열심히 하였다. 그렇지만 어느 의학서를 읽어도 말더듬이의 원인에 대하여 언급된 것은 없습니다. [본태 불명]이라고 쓰여 있는 의학서적도 있었습니다. 본태가 불분명하기 때문에 현대의학으로 치료 할 수가 없는 것입니다.

　의학서적은 누구나 보통으로 말을 하는 의사가 쓰기 때문이다. 말을 더듬지 않은 사람에게 말더듬이의 실태를 알 수 있을까요? 말을 더듬을 경우에 몸의 반응을 알 수 있을까요? [처음에 말을 하는 경우에 말이 목에 막히고, 혀는 둥글게 된 상태로 됩니다. 성대는 조여지고 아랫배는 위로 올라가 숨이 막혀서 입이 벌리지 않은 상태이다. 말을 하려고 하면 이러한 상태가 한 마디 한 마디 나타나 매우 괴롭습니다. (39세 남)]

이렇게 호소하는 남성이 있었지만 이러한 육체적인 괴로움이 있다는 것을 일반인은 알지 못합니다. 그러나 이러한 괴로움은 내가 오랫동안 안아 왔던 몸의 반응과 꼭 닮았습니다. 말을 하려고 할 경우에 목이 막히거나 가슴이 울렁거리는 느낌과 숨이 막힌다. 그래서 아랫배가 위로 조이는 느낌과 입이나 혀는 경직되어 잘 움직이지 않는다. 나는 말더듬이의 실태를 알기 때문에 자기의 몸을 사용하여 말을 더듬을 경우의 몸의 반응을 하나하나 검증해 보았습니다. 그 결과 말더듬이는 몸에 달라붙는 버릇이 가져오는 장해라는 것을 알았습니다. 버릇에는 법칙성이 있다.
   결국 그 버릇이 생기는 메커니즘이 반드시 있을 것이다.
그것을 밝혀내어 안 것이 앞에 설명한 것과 같이 횡격막에서 밀어 올리는 상승기류이다. 그 상승기류에 의하여 마치 도미노현상과 같이 말을 하는 기관을 담당하는 기능의 하나하나가 방해를 받게 된다. 이것을 치료하기 위해서는 원인이 되는 상승기류를 제거하여 잘못된 버릇을 원래대로 되돌리는 것이다. 그러기 위하여 필요한 것은 인간의 몸의 움직임을 역학적으로 파악된 생체공학의 이론이다.
   그 이론에 근거하여 [단전호흡 교정방법]을 고안 하였습니다. 결국 말을 더듬는 것은 원인불명이 아니고 결과에는 반드시 원인이 있는 것과 같이 몸에 밴 말더듬이 버릇에는 그것을 일으키는 [상승기류]라고 하는 원인이 있는 것이다.

   4. 뇌의 장해에서 온다.
   말더듬이는 뇌나 신경에 장해가 없다는 것은 말더듬이 자신이 제일 잘 알고 있다. 나 자신도 그렇지만 나에게 상담하러 온 어느 사람을 보아도 뇌나 신경에 장해가 있는 사람은 한 사람도 없고 평균이상으로 우수한 사람이 많은 정도이다.
 일류대학을 졸업하였거나 의사나 변호사로 활동하고 있는 사람도 적지 않다. 몇 번이나 서술한 봐와 같이 생각하고 느끼는 것은 말을 더듬지 않은 사람과 같고 단지 표현을 잘 하지 못하는 것이다. 말을 더듬는 사람은 정말로 암울한 오해나 편견으로 차 있다. 같은 언어장해라도 말더듬이는 자폐증이나 실어증과는 완전히 다르다. 자폐증은 이전에는 어린이의 성장방법이나 환경에 문제가 있다고 알려졌지만 지금은 뇌에 어떤 장해가 있다는 것을 알게 되었다. 실어증도 언어중추에 장해를 받아서 발생하는 뇌의 질환이다. 그러나 거듭 말하지만 말더듬이는 뇌에도 신경에도 어떠한 장해가 없으므로 병이 아니다. 몸에 배어 있는 단순한 몸의 버릇이다. 그러나 그러한 이해는 거의 되지 않고 말더듬이에 대한 잘못된 편견이 사회에 현재까지 뿌리 깊게 박혀 있습니다. 특히 최근에는 세상의 텐-포가 모든 것에 걸쳐서 빠르게 전달되어 갑니다. 학교나 회사에서도 인기 있는 자는 가볍게 말을 잘 할 수가 있는 사람이다. 머리의 회전이 빠르고 혀도 술술 잘 움직인다. 그 입에서는 사람을 웃기는 재치 있는 말이 술술 나옵니다. 외견상으로 보면 말더듬이와는 정 반대이다. 둔하고, 성격이 어둡고, 얼간이 등과 같은 낙인이 찍혀서 사회로부터 외면당하고 있다.
 그러나 말더듬이나 적면증인 사람은 우둔하거나 얼간이는 아니다. 그 뿐만 아니라 순진하고 섬세하며 성실한 사람이 많다.
본래는 장점인 그러한 자질이 마이너스로 작용하여 말더듬이나 적면을 가져오는 것이다. 말더듬이의 치료에는 주위의 이해가 필요하고 사회가 먼저 이들을 대하는 편견이나 선입견을 없애기를 바란다.

제 10 장 말더듬에 관하여 자주하는 질문

Q. 1 누구라도 말이 막히거나 말을 더듬거나 합니다만 말더듬 이를 어떻게 구별을 하고 있습니까.

A. 놀라거나, 갑작스러운 경우 및 공포에 사로 잡혔을 경우 등에서는 말이 막히거나 좀처럼 나오지 않는 것입니다. 이것은 누구나가 경험하는 것입니다만, 말의 막힘이 상습적으로 되어 있거나, 어느 특정한 장면에서 반복하여 볼 수 있는 경우는 말더듬 이라고 생각됩니다.

구체적으로 설명하면 :
- 모음(아, 이, 우, 에, 오) 혹은 「가행」의 발음 등 본인에게 있어서 발어 시에 서투른 소리가 있다.
- 처음의 말이 잘 나오지 않거나(난발성), 말을 반복하거나(연발성) 혹은 말을 길게 빼면서 이야기한다(신발성).
- 말이 나오기 어려운 경우에 다리를 마루를 밟아 소리를 내는 등, 순간적으로 부수운동을 한다. (수반행동)
- 숨을 쉬어야 하는 경우에 들어 마시거나, 부자연스러운 호흡의 방법으로 이야기를 한다.
- 이야기를 하는 것에 언제나 스트레스를 느낀다.
  그 때문에 업무나 공부 시에 집중이 잘 되지 않는다.
- 횡격막(폐의 아래에 있음)이 올라가서 어깨로 숨을 쉬는 상태로 이야기를 한다. 또 이야기를 할 때에 혀나 입술 등 몸의 일부에 부자연스러운 힘이 들어가 버린다.
- 발음하기 어려운 말이 있으면 쉬운 말로 바꾸어 말을 한다.
  본인의 그 때의 피로의 정도나 정신 상태로 술술 말할 수 있거나 꽉 막히거나 그때그때에 따라서 상당히 다릅니다.

Q. 2 초등학생의 아들이 말이 막히면서 이야기합니다. 부모로서 어떻게 하는 것이 좋을까요.

A. 부모님이 아들의 기분을 잘 이해하는 것이 중요라고 생각합니다. 그 때문에 가족 분들은 말더듬이에 관한 이해가 필요합니다. 말투를 바로잡거나 격려하거나 하는 것은 본인의 신경을 자극시키게 되기 때문에 어린이들의 말투보다는 이야기의 내용을 알아들으려고 하는 자세가 제일이라고 생각합니다.

※ 초등학교 5~6 학년에 대해서는 제3장7)의 (어린이의 부모가 주의 할 사항 66 페이지)을 참고.

Q. 3 말을 더듬는 원인으로 어떤 것이 있습니까?

A. 여러 가지 요소가 겹치기 때문에 분명한 원인은 말할 수 없다고 생각합니다. 단지 말더듬이의 계기가 될 수 있는 것으로는 놀랐을 경우에 잘 말을 잘 할 수 없었던 것이 기억에 남아 이야기하는 것에 대한 공포심을 가지게 되어 버린 것이나 말을 더듬는 흉내를 내는 것 등 여러 가지 입니다. 부모의 불화에 의한 가정 내의 스트레스 아래에서 유아기를 보내면 말더듬이가 될 가능성이 높아지는 일도 생각할 수 있습니다.

초등학생의 무렵에 수업을 참관하는 선생님으로부터 지명되어 큰 소리로 답 했습니다만, 우연히 말이 막혀 버려 뒤에 있는 부모들이 킥킥 웃고 나서(어른은 악의가 있던 것이 아니고 미소로 생각합니다만···)「말이 막히면 웃는다」라고 하는 공포심이 들어가 의식 과잉이 되어 버렸습니다.

또 가족 중에 말더듬이자가 있으면「저 사람같이 안 되게」라는 주위의 의식이 본인에게 의식과잉이 되어 이야기하는 것이 장애가 되어 버리기도 합니다. 유아기에 말투나 악센트 등을 부모가 섬세하게 정정하는 것도 마이너스 요인이라고 할 수 있습니다. 예외적으로는 새롭게 의치를 했기 때문에 혀가 이빨에 걸려 말을 더듬게 되었다고 하는 경우도 있습니다. 말더듬이는 혀나 성대 등의 기관의 결함에 원인이 있는 것이 아니라 주위의 자극에 반응하여 본인의 제어의사를 넘은 방어 조건 반사가 정착한 상태라고 말할 수 있습니다. 혼잣말이나 다른 사람들과 함께 소리를 내 낭독할 경우에는 말을 더듬는 것이 거의 없는 것으로부터도 말할 수 있다고 생각합니다.

Q. 4 말더듬이는 유전하는 것입니까?
A. 말은 학습에 의해서 습득됩니다.
그러므로 유전하지 않는다고 생각해야 합니다. 그것 보다는 "세대 연쇄"라고 하는 연쇄를 원인이라고 생각할 수 있습니다.
간단한 통계에 의하면 말더듬이의 40%의 사람은 친인척에게 말더듬이가 있습니다. 이것은 언뜻 보면 유전하는 증거와 같이 보입니다만 그렇지 않고 다음과 같은 이유라고 생각됩니다.

① 심리학의 연구에 의하면 유아기에 어떤 원인으로 마음의 상처를 받은 사람은 어른이 되면 이번은 자신의 아이에게 동일하게 마음의 상처를 주는 것 같습니다(이것이 세대 연쇄입니다). 유아 학대의 연구에 의하면 부모의 약70%~80%가 그렇게하는 것 같습니다. 이것을 어디선가 끊지 않으면 끝없이 자손에게 전할 수 있다는 것이 알려져 있습니다.
말더듬이는 유아기의 마음의 스트레스가 크게 관계하는 병이라고 생각할 수 있습니다. 모든 원인은 유아기의 스트레스라고

단언하여도 큰 잘못은 아닐 것입니다. 말더듬이는 무의식가운데 자신의 아이에게 스트레스를 주는 대응을 해 버립니다. 이것이 친인척에게 말더듬이자가 있는 큰 원인이라고 생각 할 수 있습니다.

② 말더듬이가 되기 쉬운 성질은 유전한다고 생각할 수 있습니다. 부끄럼을 잘 타거나 성실함이나 자의식의 과잉 등입니다.
또 스트레스가 말의 문제로서 나오는 자질도 유전한다고 생각할 수 있습니다. 그러니까 주위에 말더듬이가 있는 아이는 다른 아이에 비해 조금은 말더듬이가 되기 쉽다고 생각할 수 있습니다.

③ 말은 태어나고 나서 기억합니다. 그 때 기억해야 할 말을 발표하는 사람에게 말더듬이가 있으면 그것을 기억해 버릴 가능성이 있습니다(기억해도 말더듬이가 아닙니다). 그것이 계기로 말더듬이가 되기도 니다.

Q. 5 왼손잡이를 고치면 말더듬이가 되는 것입니까?
A. 「언어 중추추가 오른손의 운동을 주관하는 부분에 가깝기 때문에 왼손잡이를 고치면 말더듬이가 된다」, 「아니 그렇지 않다」라는 설이 있습니다. 그러나 뇌의 내부는 아직 알 수가 없습니다. 그것보다 유아기의 스트레스가 말더듬을 발생시키는 것은 뚜렷합니다. 그러니까 왼손잡이를 고치는 것이 원인으로 말더듬이가 되는 것이 아니라 그것을 「고칠 수 있다」라고 강제하는 것이 원인이라고 생각하는 것이 합리성을 가지고 있습니다.
강제하는 것이 「자신이 안심하고 몸을 맡겨지는 사람이 사실은 무서운 사람 이였다」라고 하는 것을 알 수 있어 말더듬이 되는 것입니다. 또 이것은 「왼손잡이를 고치지 않으면 안 된다」라고 하는 부모의 감수성의 높이를 나타내고 있어 그것의 유전의 가능성도 나타내고 있으므로 아마 말더듬이의 원인을 스트레스라고 생각하는 것이 타당하다고 생각됩니다.

Q. 6 다른 사람과 함께하면 어째서 말을 더듬지 않는 것일까요?
A. 마음의 상처는 「혼자서 이야기할 때 생기는 상처」이기 때문입니다. 모두 같이 이야기할 때는 자신의 소리가 눈에 띄지 않으므로 심리적으로 매우 편합니다. 말하기 어려울 때는 말하지 않아도 좋습니다. 비록 말을 더듬어도 누구도 모릅니다.
이러한 심리 상태에서 마음에 상처를 받는 사람은 매우 적습니다. 그러니까 함께 이야기하는 경우에는 마음에 상처를 받지 않습니다. 아무 걱정도 없고 마음에 스트레스도 없기 때문에 마음에 상처를 받지 않습니다. 말을 더듬는 원인이 없습니다. 만약 말을 더듬었다고 해도 그것은 육체적 원인으로부터의 것이기 때문에 신경도 쓰지 않으므로 진성 말더듬이가 되지도 않습니다.

Q. 7 왜 노래는 더듬지 않습니까?
A. 말과 노래의 차이에 대해서 「노래에는 절과 리듬이 있고 음정이 있지만 말에는 없다. 호흡법도 다르다」라고 설명 할 수 있습니다. 그러므로 다음과 같이 생각 할 수 있습니다. 말더듬이는 원칙으로 혼자서는 더듬지 않습니다. 또 상대에 따라서 더듬거나 더듬지 않거나 합니다.
이것은 말더듬음 때문에 상대가 필요하다고 말하는 것을 의미하고 있습니다. 상대가 인간이기 때문에 더듬는 것입니다.
상대의 인간이 말더듬의 환경입니다. 이것은 「말이 상대에게 자신의 의지를 전하는 것이기 때문에 더듬는 것이다 」라고 하는 것을 나타내고 있습니다. 이것에 대해서 노래는 본래 스스로 즐겁고 호흡도 천천히 하면서 아랫배에 힘이 들어가서 자연스럽게 단전호흡을 하게 됩니다. 그리고 혼잣말과 같습니다. 그러니까 원칙으로서 상대는 없습니다. 그러니까 더듬지 않습니다.

노래는 더듬지 않기 때문에 노래하듯이 이야기하는 것에 의해서 말더듬을 고치려는 시도도 되고 있습니다. 「이것은 상대에게 의지를 전하는 것은 아닌 것이다」라고 생각되므로 더듬지 않습니다.

Q. 8 말더듬이 교정에 호흡연습이 효과가 있습니까?

A. 나는 말을 더듬는 사람에 대해서도 단지 입만 아니라 몸 전체를 관찰해 왔습니다. 그리고 말을 더듬는 사람은 복압을 잘 사용하지 않은 것을 알 수 있었습니다. 그래서 동양 의학의 치료 이념에 근거하여 「인후와 복압의 타이밍」을 맞추는 발성법을 고안하여 단음복압발성법이라고 명명하여「말하기 어려움」을 해소하는 방법을 이용하여 말을 더듬는 사람들을 교정하여 왔습니다. 여기에서 흥미가 있는 사람은 실험을 하여 보십시오. 「말하기 어려움」이 있는 소리를 간단하게 낼 수 있는 방법입니다.

우선 위를 향해서 누워 주세요.

그리고 조금 머리를 일으키는 타이밍에 자신이 말하기 어려운 소리를 내 봅니다.「말하기 어려움」을 완전히 느끼지 않고 부드럽게 소리를 낼 수 있을 것입니다. 왜냐하면 머리를 일으키는 것으로 복압이 걸려서 아랫배에 힘이 들어가게 되어「말하기 어려움」이 없어지기 때문입니다.

이 실험으로부터「말하기 어려움」은 「복압이 관여하고 있다」라고 하는 것을 알 수 있다고 생각합니다. 말더듬 증상이 발생하는 시기는 많게는 2-4세인 유아기입니다. 말을 기억하기 시작하여 아직 발성 기관이 미발달의 단계에서는 유아기의 말더듬이는 드문 일이 아닙니다. 방치하여도 자연스럽게 낫습니다.
잘못하여 말을 더듬는 것을 주의를 주어 의식시키는 것이 말을 더듬는 계기가 되는 경우가 있습니다.

어느 때에 「말하기 어려움」을 느껴 그 「말하기 어려움」을 의식하기 때문에 「인후와 복압의 힘의 미묘한 타이밍」에 이상이 생겨 버린다. 단지 「말하기 어려움」을 느끼면서 말을 하고 있는 동안에 더욱 더 인후에 힘이 들어가 「말하기 어려움」이라고 갈등하고 있는 사이에 말더듬 증상이 악화되어 악습으로 정착해 버립니다.

Q. 9 말더듬이는 낫는 것입니까.

A. 「낫는다」라고 하는 의미는 어느 분은 빠른 말로 술술 이야기를 하게 되는 것으로 생각하고, 다른 분은 많은 사람 앞에서 긴장하지 않고 이야기를 할 수 있는 것으로 받아들일 수 있거나 사람에 따라서 다양합니다. 내가 생각하는 「낫다」라고 하는 것은 말투를 의식하여 긴장하는 장면에서도 의식하지 않고 이야기를 할 수 있는 것입니다. 천천히 더듬거려도 상관하지 않습니다.
올바른 말투를 의식하여 자신을 컨트롤 할 수 있다면 그 쪽을 나았다고 말할 수 있다고 생각합니다.

나도 의식하고 있으면 아직도 과거의 버릇(나의 경우는 목에 불필요한 힘이 들어가는 발성근육의 나쁜 사용법)으로 돌아올 때가 있습니다. 그러한 경우에는 그 자리에서 수정하도록 하고 있습니다. 내가 과거 말더듬이인 것은 아무도 믿을 수 없는 것

같습니다. 말더듬이 개선의 최종 단계는 실로 미묘한 마음의 세계입니다만, 본인의 평소의 배려와 실천 중에 마지막 돌파구를 찾아내질 것을 바라고 있습니다.

Q. 10 마음의 케어라든지 카운슬링으로 말더듬이를 교정 할 수 있습니까?

A 말더듬을 종합적으로 생각해 보면 말더듬의 원인은 발성기관의 과한 긴장을 일으킨다고 하는 말을 더듬는 사람만이 가지고 있는 생리적인 문제이고 정상인과 완전히 같은 발화시의 긴장, 초조 등의 기분에 의해서 유발된다고 하는 간헐성의 언어 장애라고 할 수 있습니다. 아무리 소심하고 또 정서가 불안정한 정상인이 우선 말을 더듬지 않는 것은 발화시에 기분이 긴장하여도 발성기관의 근육을 필요이상으로 긴장하게 한다고 하는 생리적인 문제를 가지지 않기 때문입니다. 말더듬이가 신경증과 유사한 성격을 가지고 있는 것은 본질적인 것이 아니고 더듬는 다고 하는 결과에서 만들어진 파생적인 것입니다.

말을 더듬는 다고 하는 본질적인 문제를 그 결과로 파생적으로 생긴 마음의 문제로 해결하려는 생각은 본말 전도이기 때문에 개선되지 않는 것은 당연하고, 이 잘못된 생각이 말더듬이 교정의 발전을 방해하고 있습니다. 말더듬은 신경증과는 달라 직접적인 원인(본질적인 것)이 생리적인 문제이므로 발성연습이라고 하는 재활훈련도 하지 않고 마음의 케어라든지 카운슬링 등을 받아도 대부분 말더듬의 개선은 되지 않고 마음의 위안으로 끝나는 것입니다. 긴장, 초조라고 하는 기분은 인간이 동물로서 생명, 건강을 지키기 위해 유전자에 전해지고 있어 필연적으로 일으켜지는 생리 현상이므로 자신의 의지로 할 수 없는 것입니다.

긴장하거나 초조하여도 정상인과 같이 말을 더듬지 않고 말할 수 있는 것처럼 훈련을 하지 않으면 안 됩니다.

Q. 11 말더듬이 개선을 향한 마음가짐은 어떠한 것입니까.
A. 다음 사항에 마음을 주는 것을 추천하고 있습니다.

① 말더듬이와 잘 교제한다.
이것으로는 안 된다, 빨리 고치려고 하면 생각할수록 초조해 하는 기분이 강해져 역효과가 됩니다. 「이것이 나의 말투다」 「말이 막혀도 나의 특색이다」 라고 받아들이는 것입니다.

② 이야기를 하는 경우에 완전주의를 취하지 않는다.
어느 분은 이야기를 하는 것에 매우 신경질적이 되고 계십니다. 말이 막힌다고 인격이 부정되는 것은 아닙니다. 빠른 말로 이야기를 하는 것을 위주로 하지 않는 것입니다. 지금의 자신을 받아 드립시다. 지금의 자신을 부정되어 있어야 할 모습을 계속 요구하면 언제나 그 사이에서 괴로워하여 불행한 의식을 계속 키워 버립니다. 지금을 긍정하고, 할 수 있는 것부터 개선의 길을 부지런히 나가는 것이 최선의 길이라고 생각합니다.

③ 「나을까」 「낫지 않는 가」 을 고집하지 않고, 개선의 방향으로 간다. 말더듬이는 반드시 개선의 방향을 향합니다. 회복에의 프로세스는 개인에 의해 각각 다르겠지만 적절한 트레이닝, 의식을 쌓아 가면 확실히 개선에의 방향을 향하고 있을 것입니다. 「아 하면 좋을까, 이렇게 해 가면 좋을까」 라고 자신 있게 하는 자세가 우수한 큰 추진력이라고 생각합니다.

④ 느긋하고 꾸준히 한다..

이야기를 할 때에 혀나 턱에 부자연스러운 힘이 가해지거나 횡격막이 경직되는 등의 조건 반사가 일어납니다. 이러한 반응은 자신의 의지로부터 멀어진 움직임이므로 그 자리에서 무리하게 억제하려고 해도 역효과입니다. 그러나 적절한 지도를 받아 부지런히 실천 하면 긴장하는 가운데도 이야기를 할 수 있는 제어방법을 체득해 나가는 것이 가능합니다.

무엇을 의식하는지 사람에 따라서 다양합니다만 자신이 이야기를 할 때의 버릇을 알고 좋은 습관(복식 호흡, 호흡의 타이밍, 올바른 자세, 억양의 취하는 방법, 그 외)을 생활속에서 실천해 나가는 의식을 계속 가지는 것 입니다. 이윽고 긴장 속에서도 안정하게 이야기를 하고 있는 자신을 이미지 할 수 있게 됩니다. 학생이면 클래스의 앞에서 발표하고 있는 자신, 사회인이면 사원들 앞에서의 영업 보고나 결혼식에서 사회를 하고 있는 자신의 모습을 그려 주세요.

Q. 12 성인의 말더듬이는 왜 교정이 어렵습니까?

A. 2~5세 시기에 말더듬이 장해로 볼 수 있는 아이의 70%는 낫고 있다는 영국의 최근의 보고가 있습니다만 국내에서도 크게 변하지 않다고 생각합니다. 통계로 보는 한 연령이 낮은 것이 치유율은 높다고 말할 수 있습니다. 초등학교에 들어가기 전까지의 어린이의 말더듬이를 [1차성 말더듬이], 성인의 말더듬이를 [2차성 말더듬이]라고 구분하여 구별 한다.

1 차성 말더듬이는 말하는 패턴이 아직 몸에 고정화되어 있지 않은 경우에 발생하는 것이므로 비교적 간단히 치료된다. 그에 대하여 2차성 말더듬이는 점점 치료가 되지 않는 이유는 연령이

많을수록 잘못된 말하는 패턴이 몸에 배어 버리기 때문이다. 한 번 고정화된 말더듬이는 성장함에 따라서 더욱 심해진다.

왜냐하면 학교에 진학하거나 사회에 진출하여 자신이 말을 더듬는다는 것을 강하게 의식되거나 부끄러운 생각을 하는 기회가 증가하기 때문이다. 말더듬이는 말을 더듬는 것을 의식하면 의식할수록 말이 잘 나오지 않게 되어 더듬게 된다. [더듬어서는 안 된다] [말을 잘 하지 않으면 안 된다]라는 긴장감이 말 더듬을 일으키거나 중증화 시키는 것이다. 또 어떤 버릇도 그러하겠지만 몸에 고정화된 버릇은 시간이 지날수록 수정하기 어렵게 된다.

골프의 스윙을 생각해 보면 20-30년도 자기만의 독특한 방식이 된 사람의 스윙을 고치는 것은 용이한 일이 아니다. 그와 동시에 몸에 배인 더듬는 버릇은 시간이 경과하면 할수록 교정이 어렵다. 성인의 말더듬이의 교정이 어렵기 때문에 초기에 발견하여 빨리 교정하는 것이 요망된다.

Q. 13 말더듬이 개선을 위해서 집중적으로 트레이닝을 하는 것은?

A. 말더듬이 개선은 체질개선을 하는 것으로 즉효성은 필요로 하지 않습니다. 또 무엇인가를 새롭게 도입하는 것은 아니고 삐뚤어진 발어 프로세스를 해제해 나가는 것입니다. 그러기 위해서는 장기간의 시간이 필요합니다. 말더듬이는 기분 좋은 이야기 체험이 부족하고, 실패 경험(본인이 바라고 있는 말투를 할 수 없다)의 축적 기억이 압도적입니다.

누구라도 남 앞에서 이야기를 하는 때에 긴장하고 말이 막히는 일이 있습니다만, 표면은 같은 말 막힘이어도 말더듬이와 말더듬이가 아닌 분과의 발어에 이르기까지의 심리과정은 크게 다룹니다. 말더듬이가 아닌 사람이 긴장하여 말을 더듬은 것은 돌발성이고 말더듬이는 말을 올바르게 말하려고 사전에 상당한 의식을 거듭하여 무리하게 시도한 결과입니다. 과정은 매회가 모두 기억의 층에 쌓입니다. 또 만일 잘 이야기할 수 있었다고 해도 그 자리를 어떻게든「벗어났다」라고 하는 기억이 되어 이야기하는 것에 안정감을 가진 경험이 적습니다.

뇌리에 확실히 새겨진 금지령이라고도 할 수 있는 마이너스 기억을 해제해 나가려면 기분 좋은 이야기 체험의 축적이 필요합니다. 그것은 시간을 들여 생활의 현장에서 길러지는 것이므로 이 체험이 진짜 자신으로 연결되어서 갑니다. 집중이라고 하는 것에 구애되지 않고 시간을 들여 마음의 상처의 해방, 위안과 안정된 말투 감각을 실천을 통해 길러 가는 것이 유효하게 받아들이고 있습니다.

Q. 14 개인 레슨과 그룹 레슨과 어느 쪽이 효과적 입니까.

A. 기본은 개인 레슨이라고 생각합니다. 이유는 한 사람 한 사람 말투의 습관이 달라 개선을 향해서 의식해 유의하는 일은 사람 각자이기 때문입니다. 「여기를 이런 식으로 해 보면‥‥‥」 등이라고 하는 것은 개인 레슨이 아니면 꽤 모르는 것이지요.

복식 호흡법, 발성법 등은 그룹에서 정리해서 할 수 있다고 생각합니다만, 본인이 실제로 이야기를 할 때에 어떻게 적용되고 있을 까는 개인 레슨을 통해서만 체크할 수 있다고 생각합니다. 나 개인의 경험부터도 그룹만의 트레이닝 효과는 별로 없었습니다. 한편 10~50명 정도의 그룹에서 개인 레슨으로 겹쳐 쌓은 경험을 근거로 해 발표의 실천 체험이 가질 수 있으면 이상적입니다.

Q. 15 말더듬이 개선은 무엇을 목표로 하고 있습니까.
A. 2개 있습니다. 하나는 말더듬이와 능숙하게 교제해 가는 적응력을 높이는 것. 또 하나는 개선 의식의 정착화입니다.

① 말더듬이와의 공생이라고도 말할까요. 낫는지 낫지 않는지의 흑백의 세계가 아니고 잘 교제해 가는 적응력을 기르는 것입니다. 말더듬이의 받아들이는 방법은 한 사람 한 사람 상당히 다른 것 같습니다. 다른 사람에게는 몹시 말을 더듬고 있다고 생각되는 사람이 아무렇지도 않게 말을 더듬거나 자신을 주장하고 있는 대부분이 눈에 띄지 않는데 상당히 신경을 쓰고 있는 분도 있습니다.

말을 더듬는다고 하는 같은 사실에 있어서도 거기에 고민하는 사람과 별로 고민하지 않는 사람, 크게 영향을 받는 사람과 별로 영향을 받지 않는 사람이 있습니다. 다른 사람과의 커뮤니케이션을 해 나가는데 있어서 중대한 지장이 없고 본인의 고민이 가벼우면 사실상 말더듬이를 극복하고 계시는 것은 아닐까요.

「이렇게 하여야 한다」로부터「잘 이야기할 수 있는 것에 넘었던 적은 없다」정도로 받아들여 가는 자세를 길러 가고 싶은 것입니다.

② 하나 더는 개선 의식을 가져 행동을 습관화하는 것입니다.
개선 의식을 가지는 것은 무엇보다도 건전히 받아들이는 방법입니다. 이전의 나의 자세는 앞으로 구부림으로 등이 휘고 있었습니다. 어떤 시점에 자세를 바로잡으려고 마음으로 결정해 자주 벽에 딱 등을 붙여 자기 체크한 것입니다. 자세를 바로잡고 있으면 발성이나 기분도 좋아지는 것을 체감 하고 있어 확실히 정착

하고 있습니다. 의식을 계속 가지면 좋은 습관이 길러집니다.

말더듬의 개선은 비탈길을 오른다고 하는 것보다는 스파이럴 (나사상태)에 빙빙 돌아가는 것이므로 스포츠의 연습과 같이 조금씩 매일 느긋하게 계속하는 것입니다. 고치기 위해서라고 하는 의식을 버리고 단지 습관으로서 그 시간을 즐겨서 갑시다. 올바른 자세, 호흡법, 발성법, 발음법, 낭독, 혼잣말, 이미지 트레이닝 etc········레슨 중에서 이것 일까라고 생각하는 것을 의식해 스스로 부지런히 생활에 몰입해 가 주세요. 좋은 습관은 자연치유력을 높여 나쁜 버릇으로의 복귀를 막습니다.

Q .16 말더듬이의 비율은 얼마나 되나요?
A. 1960년대의 1000명의 아이에 대한 말더듬이의 연구에서는 유아의 약 5%만이 말더듬이가 되고, 그 중 약 2%가 조기에, 약 2%가 어느 정도 시간이 흐르고 나서 치료가 되는 것 같습니다. 나머지 약 1%가 낫지 않고 성인의 말더듬이가 됩니다.

나은 4%의 경우는 어떠한 원인으로 스트레스가 감소하여 스트레스 대응 허용치를 밑돌았다고 생각할 수 있습니다. 결국 말더듬이는 자연스럽게는 낫지 않습니다. 대책을 세우든 세우지 않거나 관계없이 원인이 제거되었을 때만 낫습니다. 이 원인이 되는 스트레스를 여기에서는 「애정이라고 하는 비료 과다, 부족」이라고 하는 표현으로 설명하고 있습니다. 유아는 아직 태어나고 얼마 되지 않았습니다. 유아는 바뀔 수 없습니다. 가지고 태어난 자질도 성격도 바꿀 수 없습니다. 다행스럽게도 유아의 경우는 말더듬이를 발생시킨 유아를 둘러싸는 모든 환경(말더듬이 환경이라고 합니다)을 돌아갈 수 있습니다. 그것이 부모님을 중심으로 한 가정환경입니다.

제 11 장 말더듬을 연구한 학자와 말더듬이였던 유명인

1. 20 세기의 위대한 말더듬의 학자들

 과학적인 말더듬의 연구는 20 세기부터 시작했습니다. 현재의 말더듬의 연구에 다대한 영향을 준 말더듬이 학자와 그 실적에 대해 정리해 보았습니다.

① Lee Edward Travis

 여러분은 「왼손잡이를 오른손잡이에게 교정하면 말더듬이가 된다」라고 하는 이야기를 들었던 적은 없습니까?. 오른손의 교정과 말더듬이와의 관계를 언급한 이 생각은 1930년대부터 50년대 정도까지 일세를 풍미 했습니다. 그리고 그 생각의 이론적 근거로 되는 학설을 제창한 것이 이번 주인공은 리·에드워드·트레비스 입니다. 트레비스는 1931년에 「대뇌 반구 우위설 」이라고 하는 학설에 있어서 이 생각을 하였습니다.

 이 학설은 그 당시 1 학문 분야로서 확립하고 있던 신경 심리학적인 지견을 도입한 획기적인 것이었습니다.「대뇌 반구 우위설」을 트레비스가 생각하는 계기가 된 것은 「말더듬이에게는 왼손잡이와 양손을 사용하는 사람이 많고, 게다가 그 사람들의 대부분이 왼쪽에서 오른쪽으로 바꾸고 있는 경향에 있다」것은 아닌가라고 생각하였습니다. 그 이후로 트레비스의 지도교관인 오톤(Orton)의 대뇌 반구에 관한 이론을 조합하여 트레비스는 1931년 발행한 Speech Pathology(언어 병리학) 」라고 하는 잡지에 「대뇌 반구 우위설」을 발표했습니다.

 당시의 신경 심리학에 있어도 이미 대뇌가 2개의 대뇌 반구

(우뇌와 좌뇌)로 나누어져 있고, 그 한편이 다른 한편보다 기능적으로 우위인 것이 알려져 있었습니다. 「대뇌 반구 우위설」에서는 말더듬이는 이 대뇌 반구의 우위성이 결여 있어 양반구가 같은 정도의 우위성을 가져 버리고 있다고 생각했습니다. 그런데 대뇌 반구의 우위성이 확립해 있는 상태에서는 발화를 포함한 운동의 지령은 우위인 옆의 대뇌 반구가 중심이 되어 실시하게 됩니다(그림 11-1).

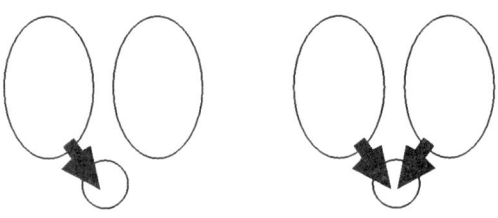

그림11- 1비말더듬이의 운동지령 (좌)
그림11- 2 말더듬이의 운동지령 (우)

그러나 트레비스는 말더듬이에 있어서는 대뇌 반구의 우위성이 확립하고 있지 않고 우뇌와 좌뇌의 쌍방이 동시에 게다가 미묘하게 다른 타이밍에 운동 지령을 내리고 하기 때문에 발생 발화 기관(목이나 구강등)은 우뇌와 좌뇌의 쌍방에서 같은 운동 지령을 미묘하게 다른 타이밍에 받게 된다고 생각했습니다(그림 11-2).

그리고 이 같은 운동 지령을 동시에 다른 타이밍에 받는 것으로 발생 발화기관이 어느 쪽의 운동 지령에 따르면 좋은가 혼란하기 때문에 말을 더듬는다고 생각했습니다.

이상을 근거로 해서 트레비스는 말더듬이와 사용하는 손에 관한 이하의 3개의 결론을 제창하고 있습니다.

(a) 대뇌 반구의 우위성이 불완전한 경우에 그 사람은 양손을 사용하게 된다.
(b) 글자를 쓰는 경우에 우위가 아닌 손으로 강제로 쓰게 하면 말더듬이의 원인이 된다.
(c) 말더듬이 중에는 왼손잡이의 사람이 많다.

「대뇌 반구 우위설」이 제창된 후에 말더듬이의 양손에 관한 방대한 연구가 이루어졌습니다.
 그러나 그 결과는 상술한 결론을 증명하는 것이 아니었습니다.
즉 말더듬이의 양손 효과나 왼손잡이의 사람이 차지하는 비율은 비말더듬이의 그것과 거의 변함없고, 또 말더듬이가 반드시 사용하는 손의 교정을 경험하고 있는 것은 아닌 것이 밝혀졌습니다.
이와 같이 「대뇌 반구 우위설」을 지지하는 대전제가 부정되어 「대뇌 반구 우위설」은 「과거의 이론」으로서 점차 잊어지게 되었습니다. 그러나 최근에 뇌의 신경 심리학적인 연구의 융성과 함께 「대뇌반구 우위설」이 제창하고 있는 생각의 일부가 재평가되는 움직임도 보이고 있습니다.

② Brutten & Shoemaker
 말더듬이의 큰 특징의 하나에 시간의 경과와 함께 말더듬이 행동(증상)이 변화해 나가는 것을 들 수 있습니다. 대부분의 말더듬이는 2대세후반~4세 정도의 시기에 말을 더듬기 시작합니다만 대부분의 경우에 이 시기는 가볍게 반복하거나 길게 늘이는 것이 대부분을 차지하여 말더듬에 대해서 특별한 감정을 가

지는 일 없이 더듬어도 아무렇지도 않게 말을 할 수 있습니다.

그러나 그 후 긴 기간 동안에 막히거나 혹은 난발이라고 하는 말투 등을 보이게 되면 이야기하는 것을 피하거나 이야기하는 것에 공포를 느끼게 됩니다. 이번은 이러한 말더듬이 증상의 변화가 생기는 메커니즘에 대해 언급한 2명의 연구자에 대하여 언급하고 싶습니다. 그 2명의 연구자란 브루턴과 슈메이카이며, 그 2명이 제창한 이론이「말더듬이의 2 요인 이론(two-factory theory of stuttering)」입니다. 이 이론에서는 제일 단계로서(2요인의 1번째의 요인) 말더듬이는 발화에 수반하는 실패 경험을 반복해 경험하는 것으로 이야기하는 것에 대하는「혐오」나「공포」을 반응 조건부의 학습 패러다임(paradigm)에 의해 학습한다고 하는 것입니다. 여기서의「반응(혹은 고전적) 조건부의 학습 패러다임(paradigm) 」이라고 하는 것은 행동과학이라고 하는 심리학의 1 분야에서 나오는 용어입니다.

이것은 유명한 파블로프의 개의 실험(개에게 먹이를 줄 때 언제나 버저를 듣게 하면 버저를 울린 것만으로 침이 나오게 된다)과 기본적으로는 같은 현상입니다. 즉 본래는「말 한다」라고 하는 것과「혐오」「공포」라고 하는 것은 전혀 관계가 없습니다만 말더듬이의 경우는 이야기 한다→더듬는다→주위로부터 이상한 눈으로 보는 등의 불쾌한 감정을 갖는다→이야기 한다→더듬는다→주위로부터 이상한 눈으로 보는 등의 불쾌한 감정을 갖는다→···그렇다고 하는 것을 반복하는 것에 의해서 이야기하는 것에 대하는「혐오」나「공포」의 감정이 자라갑니다.

이 이론의 제2 단계는 「말더듬이는 제1 단계에서 학습되어 이야기하는 것에 대하는「혐오」나「공포」의 감정으로부터 피하기 위해서 자신이 과거에 성공한 경험을 반복하게 된다」라고 하는 것입니다.

예를 들면 우연한 경우에 전화로 「여보세요」 은 아니고 「저― 여보세요」 와 같이 「저―」 을 붙여서 능숙하게 그 후의 이야기를 할 수 있었다고 합니다. 2 요인 이론에서는 말더듬이는 한 번 이러한 성공 경험을 쌓으면 그런 예감이 들 때에는 언제라도 말의 처음에 「저―」 를 사용하게 된다고 하는 것입니다. 그리고 2 요인 이론에서는 여기서의 「저―」 에 상당하는 행동은 자발적 반응 조건부에 의한 학습의 결과입니다. 자발적 반응 조건부는 우리가 실시하는 학습의 대부분을 설명하는 개념으로 예를 들면 과자가 들어가 있는 A라고 하는 상자와 모충이 들어가 있는 B라고 하는 상자가 있었다고 합니다.

그러면 그 상자가 건네받은 직후는 A와 B를 거의 같은 회수씩 열겠지만 A에 과자가 들어가 있는 일이 한 번 알게 되고 나서 B의 상자를 여는 일은 없어집니다. 이것은 글자를 써 버리면 당연한 일입니다만 학습의 상당수는 이 시행착오의 소산으로서 존재하고 있습니다. 「말더듬이의 2 요인 이론」 은 이와 같이 말더듬의 증상의 변화가 2 종류가 다른 종류의 학습의 결과도 가져옵니다.

그런데 말더듬이가 학습된 것이라고 하면 「지금까지란 반대의 학습을 쌓는 것에 의해서 말더듬 증상 자체도 경감시키는 것을 가능해진다」 라고 말할 수 있습니다. 즉 「말하는 것」 에 의해서 「혐오」 나 「공포」 대신에 「즐거움」 이나 「기쁨」 을 학습할 수 있었다고 하면 혹은 「아―」 등의 말더듬이 경감에 있어서 불확실한 방법이 아니라 더 말더듬 경감에 본질적인 학습을 할 수 있었다고 하면 말더듬이의 문제의 경감 혹은 해소가 가능해진다고 생각할 수 있습니다. 즉 2 요인 이론은 이상으로 말한 것 같은 「말더듬이의 악화를 이끄는 학습」 대신에 「말더듬이의 개선을 이끄는 학습」 을 실시하는 것이 중요하다고 우리에게 문제 제기하고 있다고 말할 수 있습니다.

물론 2 요인 이론에 의해서 말더듬이의 모든 사상이 설명 가능한 것이 아닙니다만 말더듬이 악화의 메커니즘을 설명하는 유력한 생각의 하나로서 많은 말더듬이 연구자들의 지지를 받고 있습니다.

③ Wendell Johnson

웬델·존슨은 밴·라이파과 함께 말더듬이 연구나 말더듬이에 대한 치료방법의 개발에 대해 절대적인 공헌을 완수한 말더듬의 거장이라고 하기에 어울린 위대한 말더듬의 학자입니다. 존슨이 남긴 말더듬에 관한 지견은 헤아릴 수 없습니다만 그중의 주요한 2개의 생각을 여기에서 설명하고 싶습니다. 우선 제1은 「말더듬 문제의 입방체」라고 하는 생각입니다.

이것은 말더듬의 문제의 크기를 입방체의 체적을 이용하여 표현할 수 있다고 하는 것입니다.

X : 이야기하는 말의 특징(말더듬의 중증)
Y : 듣는 반응
Z : 말하는 반응

X는 당신의 말더듬의 성질과 정도를 표시한다. 말더듬에는 대략적으로 연발, 난발, 중조 등의 성질이 있고, 각각 정도가 있습니다. Y는 당신의 말더듬의 듣는 반응입니다. 놀라거나, 무시하거나, 걱정하거나, [침착하게 말해 주십시오]라고 말하기도 한다.
Z는 냉랭한 표정을 하는 상대에도 좌우되지 않고 말 하려는 것을 계속하는 반응이다.

이 생각이 뛰어난 곳은 말더듬이가 가지고 있는 문제를 단지 언어 증상으로 한정하지 않은 곳에 있습니다. 즉 말더듬의 치료에 있어서는 단지 언어 증상의 경감만을 위한「교정」만으로는 효과가 충분하지 않다고 하는 것을 지적하는 것과 동시에 말더듬 치료에 있어서의 Y축이나 Z축의 측면 즉 말더듬이를 둘러싸고 있는 환경이나, 말더듬에 대한 자기 인식이라고 하는 면에 초점을 맞춘 치료의 중요성을 지적하고 있습니다.

존슨이 나타내 보인 생각의 주요한 하나는 말더듬의 메커니즘에 관한 일입니다. 말더듬이란 「말더듬의 시작」으로 통상 2세 후반부터 4세 정도에 말을 더듬게 되는 케이스가 많은 것 같습니다. 존슨은 이 시기의 아이가 언어를 습득하는 중간 단계에 있어서 말이 비 유창하게 되는 경향을 나타내는 것에 주목했습니다. 그래서 「말더듬의 발생에 관련되는 진단기인설」을 제창했습니다. 「말더듬이는 그대로 내버려 두면 낫는다」라든가 「아이에게 말더듬는 이야기를 하면 의식하여 말더듬이 심해지기 때문에 해선 안 된다」라고 하는 이야기를 들었던 적은 없습니까?. 이러한 이야기의 근원이 된 생각중의 하나가 이 진단기인설입니다.

즉 이 생각에서는 말더듬이는 「언어 습득 단계에 있는 아이라면 누구라도 나타내 보이는 말의 비 유창함(이것을 존슨은 「정상적인 비유창성」이라고 부르고 있습니다)를 말더듬이이라고 아이의 주위의 어른이 진단하여 말을 수정하는 등의 규제를 더하는 것으로 그에 대한 아이가 압력을 느끼거나 자신의 말투에 대해 의식하게 되는 것을 통하여, 발생한다고 하는 것입니다.
이 생각은 말더듬 발생의 메커니즘을 해명하는 것으로서 전 세계에 절대인 영향을 주었습니다. 그런데 현재는 이 「진단기인설」은 여전히 학계에서의 지지를 계속 받고 있습니까? 그렇지 않습니까?, 그 대답은 반반 입니다.

즉 말하는 어른의 관련되는 방법 여하에 의해서 말더듬이가 악화되거나 개선하거나 하는 일이 있는 것은 특히 아이의 말더듬의 치료를 생각할 때의 중심적인 생각의 하나로 계속 되고 있습니다. 그러나 아이의 정상적인 비유창성에 대해서 말을 정정시키는 등의 압력을 주는 것만으로 말더듬이가 생긴다고 하는 생각에 대해서는 많은 의문이 나와 있습니다. 그래서 그 대신에 말을 더듬기 시작하는 어린이에게는 본래부터 말더듬이 발생하기 쉬운 경향(취약성)을 가지고 있는 것은 아닌지 라고 하는 제안이 많이 되고 있습니다.

즉 말더듬이는 말더듬이 발생하기 쉬운 아이 자신의 소인+말더듬을 악화시키는 아이를 둘러싸고 있는 환경. 그렇다고 하는 2개의 조건이 만족하고 처음으로 생기는 것은 아닌가? 라고 생각하는 것이 지금의 것입니다. 이 생각에 의하면 진단 기인설은 아이의 말더듬의 악화에 대하여 반은 설명할 수 있을 가능성은 있지만 반은 설명 할 수 없다고 생각합니다. 그런데 진단기인설에 관련되는 오해의 하나로 「「말더듬은 아이의 말로부터 시작되는 것이 아니라 부모의 귀로부터 시작 된다」는 것으로 부모가 아이의 말투가 이상하다고 생각해도 의식하지 않고 방치하는 편이 좋다」라고 하는 것이 있습니다.

그러나 현재는 오히려 아이가 말을 더듬는 것을 알면 곧바로 전문기관에 상담하는 것이 바람직하다고 여겨지고 있습니다.
조기 단계의 말더듬은 즉시 적절한 지도를 하는 것으로 유아기 중에 해소해 버리는 것이 밝혀져 왔기 때문입니다. 이상과 같이 진단기인설은 몇개의 문제를 떠안고는 있지만 「말더듬이 치료에 있어서의 환경 요인이 주는 역할」의 크기를 시사했다고 하는 의미로 귀중한 학설의 하나로 계속되는 것에는 변화가 없습니다.

④ Charles Van Riper
이번 등장하는 찰즈·밴·라이파는 웬델·존슨과 함께 20 세기의 말더듬이 연구에 절대적으로 공헌을 가져온 연구자의 한 사람입니다.

밴·라이파도, 웬델·존슨과 같이 전 생애에 걸쳐서 말더듬 연구나 말더듬 임상에 관한 방대한 수의 지견을 공표하였습니다만 여기서는 그 중의 주요한 2 가지에 대해 설명합니다.

우선 제1은 「말더듬이 방정식」이라고 하는 각각의 말더듬이가 안고 있는 말더듬 문제의 크기를 산정하는 계산식을 고안 했던 것을 들 수 있습니다. 이것은 말더듬 문제를 구성하는 다양한 요소를 적확하게 파악한 것으로서 현재에 있어도 말더듬에 관한 강습회 등에서는 반드시라고 해도 좋은 만큼 채택되고 있는 것입니다. 그 식이란

말더듬이의 중증도= (PFAGH)+(SfWf)+Cs / M+Fl

  P Penalty 벌

  F Frustration 욕구불만

  A Anxiety 불안

  G Guilt 죄

  H Hostility 적의

  Sf Situational fear 장면에 대한 공포 Wf Word fear 언어에 대한 공포

  Cs Communicative stress 이야기하는 것에 관한 심리적 압력
M Morale 의기(자신, 패기)

Fl Fluency 유창함 (발화의 성공) 를 가리킵니다. 이 식에 대해서는 분자의 「(PFAGH)+(SfWf)+Cs」을 많이 가지면 가질수록 말더듬의 정도는 높아지고, 반대로 분모의 「M+Fl」을 많이 가지면 가질수록 말더듬이의 정도는 낮아지게 됩니다.

즉 밴·라이파는 말더듬이의 경감에는 분모의 요소 즉 자기에 대한 자신이나 발화의 성공 체험을 쌓는 것으로 동시에 분자의 요소 즉 발화를 둘러싼 죄나 욕구 불만 등의 의식, 서투른 장면이나 말, 키

뮤니케이션상의 스트레스를 경감시키는 것이 필요하다고 제창하고 있습니다. 밴·라이파가 완수한 주요한 실적의 제2는 말을 더듬는 어린이 중에는 하위 그룹이 존재하는 것을 지적한 것입니다.

밴·라이파는 장기적으로 추적한 44 증례를 포함한 300 증례에도 말더듬이 유아·아동의 말을 더듬는 임상 진료기록카드를 분석한 결과 그들 중에 4개의 서로 다른 특징을 가지는 이하에 설명한 하위 그룹이 존재하는 것을 밝혀냈습니다.

타입 1 표준형(44 증례 중 21예)
타입 2 언어 발달지체 형(44 증례중 11예)
타입 3 쇼크 형(44 증례중 5예)
타입 4 욕구 불만 형 (44 증례중 4예)

이러한 지견은 지금까지의 단일의 군을 구성하고 있다고 생각되고 있던 유아 말더듬이 형상을 하는 획기적인 발견이었습니다. 그리고 이 연구가 발표된 이후 유아 말더듬이 중에 어떠한 하위 그룹이 존재하는지에 대한 연구가 많은 연구자에 의해서 행해지게 되었습니다. 유아 말더듬이에게 하위 그룹이 존재하고 있다는 것, 그 임상이나 교정에 있어서도 획일적인 「기성품」 으로서의 임상·교정 프로그램을 준비하는 것이 아니라 그 사람의 말더듬이의 특성에 맞춘 「핸드메이드」의 임상·교정 프로그램을 준비할 필요가 있다는 것을 나타내고 있습니다.

현시점에서는 아직도 이러한 「핸드메이드」의 프로그램을 작성하는 방법은 완전하게는 확립해 있다고는 말하기 어렵습니다만 그것들을 목표로 한 선구적인 시도가 국내외에서 시행되고 있습니다. 그런데 밴·라이파와 웬델·존슨은 2명 모두 중증의 말더듬이었다고 합니다. 그러나 2명 모두 자신의 발화의 개선에 노력해 최종적으로는 거의 말더듬증상은 볼 수 없게 되었다고 합니다. 말더듬의 치료의 전문가로서 자신의 말더듬이의 개선을 목표로 한 그 모습에는 정말로 머리가 수그러지는 생각이 듭니다.

2. 말더듬이였던 유명인

■ Erasmus Darwin(Erasmus · 다윈) 1731.12. 12~1802.4. 18

영국의 박물학자, 의사, 철학자, 시인. 켐브리지, 에딘버그의 양 대학으로 의학을 배워, 노팅검, 리치 필드에 개업. 진보 사상의 소유자로 진화론의 선구자의 한 명. 덧붙여서 Charles Darwin는 그의 손자이며 그도 말더듬이.

■ Lewis Carroll(본명 Charles Lutwidge Dodgson)
1832.1.27~98.1. 14

영국의 동화 작가, 수학자. 오크스포드 대학에 배워, 같은 대학학의 수학 강사를 했다. 고전 학자 리델의 딸(아가씨) 앨리스(Alice)를 기쁘게 하기 위해서 쓴 「이상한 나라의 앨리스」(Alice's Adventure in Wonderland, 1865)과 그 속편 「거울안의 세계」(Through the looking-glass, 1872)은 유명. 덧붙여서 양서 모두 화가 테니엘(Sir John Tenniel1820-1914)이 꽂아 그림을 그리고 있다. 수학자로서는 「Euclid and his modern rivals」(1879) 그 외의 저술이 있다.

■ Clara Barton(클라라 · 바턴) 1821.12. 25~1912.4. 12

미국의 인도주의자. 미국 적십자사의 창설자. 그녀는 남북 전쟁이 일어나면 부상병 간호 조직을 결성해, 포로 통신, 병원 수용 및 사망자의 기록을 실시했다. 주네브의 전상자 보호국제회의에 출석(1869). 보불전쟁(70~71)이 일어나면 독일 적십자를 위해서 전선으로 향해 간다. 국제 적십자사 미국 지부의 조직에 근무해 미국 적십자사를 창설(1882). 그 초대 사장이 된다. 적십자의 전상자 보호뿐만이 아니라, 천재지변에 즈음한 구제 사업에의 확장은 그녀의 가장 중요한 실적이다.

■ George6(죠지6세) 1895.12. 14~1952.2. 6, 재위 1936~52

조지 5세의 차남. 오스본 및 다트마스의 해군 학교를 거쳐 해군 사관이 되어 제1차 대전 중 함대에게 근무, 전후 켐브리지 대학에 배웠다. 요크공에서(1920), 엘리자베스·보즈·리용과 결혼(1923).

형(오빠) 에드워드 8세의 퇴위의 뒤를 받아 즉위. 프랑스(1938), 캐나다, 미국(1939)을 방문. 제2차 대전 중에 자주 군대, 공장 등을 방문해 사기를 고무. 아버지를 닮아 질실하여 입헌 군주로서의 책임을 완수했다.

■ Sir Winston Churchill(윈스턴·처칠) 1874.11. 30~
1965.1.24

영국의 정치가. 아버지도 정치가(재정부 장관, 보수당 하원 수령). 샌드 허스트 육군 사관학교를 거치고 육군에게 들어와, 인도 변경에 출정. 그 종군기 「The story of the Malakand field force」 (1898), 「The river war」 (1899)로 문명을 얻었다.

남아전쟁(1899~1902)에는 모닝 포스트지의 통신원으로서 종군, 브아인의 포로가 되어 탈주하는 등의 모험을 거듭해 그 체험기 「London to Ladysmith via Pretoria」 (1900)을 발표.

귀국 후 보수당원으로서 하원에 들어왔지만(1900) 자유당으로 변해 식민 차관, 상무원 총재, 내상, 해군 장관, 군수상, 육상, 항공상, 식민상을 역임했지만 총선거에 져 은퇴(1922).

대전 회고록 「The world crisis」(4권, 1923~29)을 집필. 이윽고 보수당으로 돌아와, 재정부 장관이 되어 금본위제를 부활. 사직 후는 비판자로서 활동. 제 2차 대전이 시작되면 해군 장관이 되어, 국방장관 켄 수상이 된다(1940). 독일 항복 후의 총선거에 져 사직. 다시 수상이 되었지만(1951) 은퇴. 노벨 문학상을 받는다(1953). 풍경화가라고 할 정도로 비범함.

■ John Updike(존·아프다이크) 1932. 3. 18~미국의 작가.

십대부터 소설을 쓰기 시작해 하버드 대학에서 영문학을 배워, 일시 뉴요커잡지의 스탭을 근무하면서 시, 단편소설을 발표.

평범한 일상생활에 절망한 청년을 주인공으로 하는 「달릴 수 있는 토끼」(Rabbit run, 1960), 전미 도서상을 받은 「켄타우로스」(The centaur, 1963), 상류 중산계급의 부부들의 성과가 없는 생활을 그린 화제작 「캅르즈」(Couples, 1968) 등의 장편 소설이나 「비둘기의 날개」(Pigeon feathers, 1962) 등의 단편소설집을 써, 세련된 문체로 현대 미국의 풍속을 교묘하게 그리는 작가로서 확고한 지위를 쌓아 올리고 있다.

■ 뉴턴 Isaac Newton 1642~1727

영국의 수학자·물리학자·천문학자. 3세 때 모친이 재혼하여 조모에게서 성장하였다. 그 후 그란삼의 글래머·스쿨에 진학하여 61년 여름에 켐브리지 대학의 트리니티·컬리지에 입학. 과학의 다양한 분야에 탁월한 실적을 남긴 위대한 과학자. 그 발명, 발견과 이론은 과학에 획기적인 진보를 가져왔다.

　수학의 분야에서는 미적분법을 독일의 수학자 라이프닛츠와는 따로 발견하였고, 물리학의 분야에서는 빛과 색 광학의 여러 문제를 해결하고, 운동의 3 법칙을 세워 만유인력의 법칙을 이끌어냈다.

■ 서모셋트·몸 William Somerset Maugham 1874~1965

　영국의 작가. 파리에서 태어나 독일의 하이델베르크 대학과 런던의 센트·토마스 병원 부속 의학교에서 의학을 배운다. 대표작인 반자전적 소설「인간의 정(인연)」(1915)은, 20 세기 초기의 영국의 사실주의 소설의 걸작의 하나로 여겨진다.

　「달과 6 펜스」(1919)에서는, 프랑스의 화가 고갱의 생애에 재를 취하고, 예술가와 인습적인 사회와의 대립을 그렸다. 그 외의 소설로서 「오색의 베일」(1925), 「과자와 맥주」(1930), 「크리스마스의 휴가」(1939), 「새벽전의 시간」(1942), 「면도칼(면도칼)의 칼날」(1944), 「카타리나」(1948)등이 있다.

　어릴 적에 부모님을 잃어, 고아가 된 그는 영국에 사는 숙부의 아래에서 살지만, 무위도식식과 소외되었고, 학교에서는 말더듬이 심해서 매일 괴롭힘을 당하였다고 한다. [말더듬이를 고쳐 주세요]라고 신에 기도를 아무리 빌어도 고쳐지지 않았기 때문에 일평생 신을 믿지 않았다고 한다.

■ 마릴린 몬로·Monroe Marilyn Monroe1926~1962

　여배우. 로스앤젤레스 태생. 본명 노마·진·베이커. 모친이 정신 장해를 고민하고 있었기 때문에 고아원이나 수양부모의 아래에서 복잡한 어린시대를 보냈다. 16세에 결혼한 후, 20세에 이혼. 1944년 군수 공장에서 일하고 있던 것을 육군 소속의 카메라맨에 이끌려 병사용의 포스터의 모델로 기용되었다. 이 사진이 반향을 불러

일이 쇄도했기 때문에 에이전트에 등록. 매력·스쿨에 다니는 한편 잡지의 표지에 많이 나옴. 1946년에 20 세기 폭스 영화와 계약을 맺지만 2개 출연한 것만으로 계약이 파기되었다. 다시 계약을 맺은 1950년경부터 주목을 끌고, 요즘의 작품에는 「아스팔트·정글」 「이브의 총이라고」 (함께 1950)등이 있다. 1954년 야구선수 죠·디마지오와 결혼했지만 다음 55년에 이혼. 1956년 뉴욕에서 서로 안 극작가 아서·밀러와 결혼. 밀러는 그녀의 마지막 작품 「사나운 말과 여자」 의 각본을 담당하게 되었다.

8세의 무렵에 K라고 하는 인물에게 강간되어 그 쇼크로 말더듬이가 되었다고 한다. 그러나 이름이 널리 알려져 냈을 무렵의 그녀는 그 폭행 사건에 대해 많은 사람에게 이야기하여 적당하게 각색 하거나 해 이야기하는 상대에 의해서 내용이 차이가 난 것 같다.

■ scat 맨·존 Scatman John1942~1999

가수. 로스앤젤레스 태생. 본명 존·라킨. 1994년, 재즈 피아니스트였던 그가 50세를 지나 말더듬이를 역수로 취한 scat의 가창법을 충분하게 이용한 노래 「scat 맨」 으로 가수 데뷔.

「scat 맨」 은 유럽에서 전 차트 1위의 대히트가 되어 다음해 일본에서도 대브레이크. 앨범 「스캐트만즈·월드」 은 일본에서만 200만매를 넘는 매상을 기록했다. 「scat 맨」 은 가사의 내용부터 마음껏 말더듬이를 격려하는 노래면서 이 히트의 배경으로 말더듬이와는 별로 관계가 없는 것 같아서 일본에서는 노래의 진심에 관해서는 인식은 얇다. 그러나 말더듬이의 자조 그룹 언우회 에서는 비교적 유명인으로 프로모션 투어로 일본 방문했을 때에는 몇 번이나 멤버와 만나는 등 교류를 거듭해 일본 골드 디스크 대상의 신인상을 수상했을 때에는 상금을 그대로 기부했다고 한다.

〈scat〉(이)란, 가창중에 가사의 대신에 무의미한 음절을 반복하는 일.

제 12장. 말더듬이의 체험사례 및 통신상담

1. 체험사례

① 이양(26세)

　내가 스스로도 말더듬이를 자각하여 고민하게 된 것은 초등학교 4학년이 되고 나서입니다. 특히 카, 사, 타자로 시작되는 글자는 말하기 어려움을 느끼고, 쭉 고통스러운 의식을 가지고 있었습니다. 단기 대학을 졸업 후 5년간 보육의 일을 하고 있었습니다만 아이의 이름이나 전화로 원생 이름을 말할 때에 좀처럼 말이 나오지 않아서 전화 벨소리만 울려도 무섭게 심장이 튀어 나올 정도로 두근두근 하고 있었습니다. 대화중에는 말하기 어려운 말을 피해 같은 의미의 말로 바꾸어 말하면서 어떻게든 지금까지 생활해 왔습니다만 고유 명사는 어떻게 할 수가 없습니다. 정말 좋아하는 아이들에게 미안한 기분이었습니다. 전직을 기회로 반드시 치료하고 싶어 인터넷으로 조사하고 있었을 때에 선생님의 카페가 눈에 멈추었습니다. 실제로 말해 볼 때까지는 반신반의한 부분도 있었습니다만 교정을 받아보고 싶어 단기 집중 레슨을 받았습니다.
　내가 레슨을 받고 느낀 것은 많은 인식의 차이가 있던 것입니다. 몇 사람에게 들어 보면 이야기를 할 때에 무의식중에 말이 자주 끊어지고, 스스로는 보통 속도라고 생각한 발어 템포가 일반적으로 보면 매우 **빠르다**는 등 레슨을 거듭해 가는 가운데 지적되어 처음으로 깨닫는 것이 많이 있었습니다. 자신의 머리에 없었던 일이 지적되어도 곧바로 실감하는 것은 어렵다고 생각합니다. 20회의 레슨 종료 후에 취직 활동을 위하여 응모기업에 전화를 걸 기회가 있었습니다만 레슨 시에 연습한 대로 이야기를 했습니다. 스스로도 놀라울 정도 부드럽게, 침착한 영향이 있는 소리로 이야기를 할 수 있었습니다. 향후도 자신의 개선점을 인식한 다음 단전호흡으로 소리를 컨트롤 할 수 있도록 연습을 계속하고 자신을 가지고 이야기를 할 수 있도록 노력해 가려고 합니다.

② K 군(31세)

말더듬이면 경험 할 수 있는 모든 것을 경험했습니다. 그 중에서도 감수성이 강한 사춘기의 기억은 많이 남아 있습니다. 초등학생 때에 국철의 청량리역까지의 표를 사고 싶었습니다만 당시는 누구라도 매표소의 창구에서 「청량리」라고 하여 사지 않으면 안 됩니다. 자신의 차례가 겨우 돌아 와도 가슴이 두근두근 하여 처음의 「청」이 나오지 않는다. 난발성 말더듬이로 다시 뒤로 가서 차례를 기다립니다만 또 말이 나오지 않는다. 몇 번이나 하였지만 역시 안 됨. 드디어 포기하고 뚜벅뚜벅 걷고 집에 도착했을 때에는 완전히 날도 저물어 있었습니다.

부모에게서는 왜 이렇게 늦게 돌아왔느냐고 주의를 받았습니다만 이유를 말하는 것도 싫기 때문에 단지 입 다물고 있으며 자신이 절실히 한심하게 생각되었습니다. 장래의 직업은 버스의 운전기사가 되려고 결정했던 것도 그 무렵입니다. 사람과 이야기 하지 않고 끝나기 때문이라고 생각했기 때문입니다. 하지만 잠시 후 버스가 달리기 시작하여 운전기사가 마이크를 가지고 「다음은 청량리역입니다」라고 말하기 시작했으므로 나는 할 수 없으므로 안 된다고 포기했습니다. 베토벤이 만년에 귀가 부자유스럽게 되어 필담으로 회화를 했다고 하는 이야기를 들었을 때 자신도 필담으로 회화하고 싶다고 진심으로 생각한 것입니다. 초등학교의 졸업식 클래스 전원이 재학생에 한마디씩 무엇인가 말합니다만 선생님이 걱정해 주셔서 나만 아무것도 말하지 않게 배려해 주었습니다. 말할 수 없는 자신이 비참하고 또 말하지 않으면 안 된다고 하면 지옥 같고 어느 쪽으로 변해도 자신을 침체하게 했습니다. 중학·고등학교에서도 말더듬이의 스트레스는 꽤 컸습니다. 신 학년에 새로운 교과서를 손에 넣었을 때에 문자가 칼날과 같이 눈에 꽂혀 왔습니다. 언제 자신에게 낭독의 차례가 돌아오는지가 신경이 쓰여 수업 그 자체에 집중할 수 없다. 낭독의 연습을 아무리 사전에 해도 실제의 장소에서는 긴장하여 소리가 나오지 않는다. 선생님의 질문에 대답을 알고 있어도 말이 나오지 않기 때문에 지루하게 설명된다. 이것도 해낼 수 없는 기분입니다.

또 「너의 이름은」이라고 묻는 경우에 대단한 골칫거리로 말 나오지 않아 어떤 때에는 말 할 수 없는 자신이 싫어졌습니다.
그래서 학교가 싫고 괴로워서···아침의 등교 시에 벌써 빨리 저녁이 되었으면 하고 자주 생각하고 있었습니다. 시내의 말더듬이 교정소에서 초등학생 때와 그리고 고교 1 학년 때에 2회 정도 다녔습니다. 거기에 다니는 분들은 모두 말더듬입니다.
「아, 여기에서는 말을 더듬어도 괜찮다. 아무도 이상하게 생각하지 안 는다」라고 생각하므로 전혀 말을 더듬지 안 는다.

「비싼 돈 지불하고 있으니까 말을 더듬지 않는 구나」라고 내심 생각합니다만 낭독, 회화로부터도 말더듬이가 외부의 사람의 반응에 의해서 생기는 조건 반사의 산물인 것을 알 수 있습니다. 사회인이 되면 업무로 전화, 상사에게 보고 등 정확함을 요구하므로 「바꾸어 말하기」를 할 수 없다. 「과장은 2시 30분에 돌아오십니다. 」를 아무리 2시가 말하기 어렵고 마음대로 3시로 바꿀 수 없습니다. 다른 사람의 몇 배의 스트레스를 안는

날들이었습니다. 이러한 경험을 모두 이야기 하려면 이 페이지가 화장지 1 권분의 길이가 됩니다. 말더듬으로 인하여 인생에서 문제라고 생각되는 일을 받아들이는 방법의 폭(선택사항)이 커진 것은 플러스였다고 생각합니다.

「말더듬이와 잘 교제해 가자」, 「말더듬이도 나의 인격의 일부다」라고 받아들여 가는 「말더듬이 긍정 자세」입니다. 그 한편 개선으로의 스텝을 밟아 현재 이와 같이 자유롭게 이야기를 할 수 있는 것도 몹시 고맙다고 생각합니다. 개선의 정도는 모두 다르겠지만 개선의 가능성이 어떤 분에게라도 충분히 있는 것을 나 자신의 경험으로부터도 확신하고 있기 때문에 이러한 형태로 말더듬이·스피치 개선의 노력을 하고 있습니다.

③ S 군 (20세 전문학교생 남성)
　나는 중학 2 학년의 무렵에 이사를 했으므로 중학도 변하지 않으면 안 되게 되었습니다. 전학하는 것이 몹시 싫었습니다.
정확히 그 무렵 그때까지는 보통으로 이야기할 수 있었습니다만 조금씩 "라"자로 시작되는 단어가 말하기 어려워 습니다.
　자기 나름대로 몇 번이나 "라"자의 발음 연습을 합니다만 연습을 하면 할수록 나오기 어렵게 되어 갔습니다. 고교생 1 학년 때 현대 국어의 시간에 작은 소리로 읽고 있는 자신을 깨달았습니다. 그리고는 이야기하는 것이 서툴러서 전문학교에 다니고 있습니다만 상황은 변함없이 취직을 생각하면 말더듬이를 고칠 수밖에 없습니다. 이것저것 고민하고 있으면서 인터넷에서 말더듬의 카페를 발견하여 도움을 받게 되었습니다.
　교정교육을 받으면서 발성법의 어드바이스를 해 주셨습니다.
복압을 주는 상태로 "라"자를 말하기 쉬운 것을 실감 할 수 있었습니다. 눈에서 비늘이 떨어져 나간 것 습니다. "라"자가 말하기 어려웠던 것은 발성법이 잘못되어 있었습니다.

  복압을 주는 발성법을 배우고 자택에서도 연습을 했는데 소리의 내는 방법을 알 수 있게 되었습니다. 지금까지 목에서만 나오는 소리가 배에서 나오게 되어 말소리가 커지면서 자신감도 생기게 되었습니다. 아직 발어 하는 것에 예기 불안은 있습니다만 호흡의 타이밍을 의식하면 말을 더듬을 것은 없습니다.

  나에게 있어서 복압발성법은 마법과 같은 것입니다. 말더듬이로 고민하고 있는 분은 시험해 보는 것이 좋다고 생각합니다. 반드시 효과가 나온다고 생각합니다. 발음 연습을 잘 하여 능란한 화술로 사람을 즐겁게 하고 싶습니다. 완전하게 마스터 하는 것을 목표로 노력하고 있습니다.

④ Y군 (20세 대학생 남성)

  나는 초등학교 2학년 때에 선생님이 책을 읽으라고 한 이후 친구에게 비웃음을 당한 것을 계기로 자신의 말더듬을 알게 되었습니다. 이야기하는 것이 나날이 고통스럽게 되어 갔습니다. 고교생의 무렵에는 소리를 내는 것조차 고통스럽게 되었습니다. 현재 대학 2학년입니다만 대학 입학과 동시에 말더듬의 교정을 시작했습니다. 취직이 신경이 쓰여 말더듬을 고치는 결심을 했습니다. 나는 평상시부터 말하는 것이 귀찮고, 거의 소리를 내지 않았습니다. 그 때문에 막상 소리를 내려고 해도 잘 소리를 낼 수 없는 상태까지 되어 있었습니다. 소리를 내는 것을 하지 않았기 때문에 성대를 단련하는 훈련으로부터 시작할 필요가 있었습니다. 복압발성법을 배우고, 발성법을 적을 때에는 2시간, 많을 때에서는 6시간씩 거의 매일 6개월 트레이닝을 계속했을 무렵에 겨우 소리를 내는 요령을 알게 되었습니다. 처음에는 머리로 이해되었고 몸이 따라가지 않는 느낌이었지만, 9개월째 정도로부터 낭독을 술술 할 수 있게 되었습니다. 아직 사람과 이야기하는 것은 서투르고 두근두근 합니다만 문절 리듬을 의식해 이야기하면 이상하게 말을 더듬었습니다.]

정말로 이상합니다. 향후도 발어법의 트레이닝을 계속해 갈 생각입니다. 말더듬이 개선해 오고 있는 지금에 와서 올바른 것을 알 수 있었습니다. 말더듬이 버릇이라고 하는 것이 몸을 통해 겨우 실감할 수 있었습니다.

⑤ 황군 (17세 고교생 남성)

내가 말더듬이를 자각한 것은 5세 정도 때였습니다. 유치원의 선생님이 무서워서 선생님에게 말을 건네려고 해도 우물거리게 되었습니다. 그리고 최초의 말이 잘 나오지 않고 특히 자신의 성씨의 「황」을 소리 내기 힘들어져서 점점 "ㅎ"자 모두에 약하게 되었습니다. 특히 전화로 자신의 이름이 내기 힘들었습니다.

중학 3 학년 때에 정신과에 가라고 가르쳐 주는 사람이 있었으므로 진찰했습니다. 의사에게는 정신 안정제를 복용하고 있으면 낫는다고 말하여 1년간 복용했습니다만 전혀 낫지 않았습니다. 그런 때에 우연히 인터넷에서 말더듬 카페를 발견하여 「말더듬은 올바른 발성법과 올바른 발어법을 훈련하면 반드시 낫는다」라고 하여 훈련을 개시했습니다. 주 2회에 교육을 받고, 집에서는 매일 2시간 발성법과 발어법의 연습을 했습니다. 치료하고 싶은 일심으로 무모하게 연습하는 매일이었습니다. 3개월간으로 24회 다녔습니다.

이전에는 전혀 할 수 없었습니다만 지금은 소리를 컨트롤 하는 것이 의식 할 수 있게 되어, 전화로도 이름이 막히는 것은 거의 없습니다. 낫지 않는다고 생각한 말더듬이가 이렇게도 빨리 낫다니 믿을 수 없습니다. 문절 마다 정확하게 말을 하는 작업이 매우 중요하다는 것을 알게 되었습니다. 향후도 발어 연습을 조금씩 계속해 가면, 올바른 말투의 「버릇」을 붙일 수 있습니다. 착실하게 연습해 나가려고 생각합니다.

2. 통신상담

 말더듬은 괴로운 악습으로 고통을 직접 당하지 않은 사람은 알 수가 없다. 생각한 것을 자유로이 말을 할 수가 없어 혼자서 어떤 노력을 하여도 해결을 할 수가 없다. 그러나 말더듬음을 감추려고 하는 것이 상태를 더욱 악화 시킨다. 시간과 거리관계상 상담을 할 수 없는 사람은 전화나 인터넷을 이용하여 문의 하시면 자세히 상담해 드리겠습니다.

  가. 인적사항
   ① 학력(세) :
   ② 현재 또는 과거의 직업 :
   ③ 건강상태 :
   ④ 취 미 :
   ⑤ 장래의 희망 :

  나. 상담 대상
   ① 자기소개나 상점에서 주문 시에 이름이나 품명을 말할 수 없다.
   ② 상대가 안 보이는 전화로 말이 잘 나오지 않는다.

③ 회의에서 이야기하거나 자료를 읽거나 낭독할 수 없다.
④ 첫 말을 더듬거나 말 자체가 나오지 않는다.
⑤ 면접 시에 긴장되어 자기의 의견을 많 할 수 없다.
⑥ 시험장에 가면 당황이 되어 자기가 알고 있는 것도 쓰지 못한다.
⑦ 사람 앞에서 글자를 쓰거나 작업을 하면 손이 떨린다.
⑧ 전철이나 버스 안에서 사람의 시선이 신경이 쓰이고 자연스러운 동작을 할 수 없다.

다. 말더듬에 관하여
① 자각한 시기:
② 성장 시 주위에 말을 더듬은 사람 유 무:
③ 어느 장소에서 말을 가장 심하게 더듬는가? :
④ 지금까지의 치료 여부

라. E- Mail : ws212c@naver.com

■ 국내외 참고문헌

1. 伊澤修二の吃音 矯正事業 : 吳 宏明 教授 著

 고 고메이씨는 현재 일본 교또 세이카대학 교수로 근무하고 있으며 일본에서 최초로 말더듬의 교정사업을 1903년부터 시작한 이와자(伊澤修二 1851-1917)선생의 활동을 조사함.

2. どもりの眞の原因と其の永久的治療法

 千葉大學 佐藤伊吉 敎授, 花澤硏究所 花澤忠一郎 所長 共著

 "말더듬의 원인과 그 영구적 치료법"의 저자인 하나자와는 1917년에 8월 15일에 태어났으며 4세부터 같은 마을에 살고 있는 말을 더듬는 할아버지의 흉내를 재미삼아 내다가 더듬기 시작하였음. 일본의 조도전대학 재학중인 1935년에 말더듬교정소를 창설하여 말더듬 교정에 관한 연구를 하면서 많은 사람들을 교정하였음.(하나자와 방법이 2006년 뉴욕타임스에도 소개됨)

3. 吃音矯正で人生觀を變える [吃音が治る]

 新江州株式會社 森 建司 大表取締役

 말더듬 교정으로 인생을 변화시키는 "말더듬이 낫는다"의 저자인 모리겐사 사장은 1936년 1월18일 일본에서 태어나서 소년시절부터 말더듬으로 고민을 하다가 중 3년에 오사카 말더듬 교정학교에서 교정을 받았음. 그 후 고교졸업 후에 1년 정도 전임강사로 말더듬이의 교정자의 회복훈련에 참여하였음. 현재는 말더듬교정에 관한 서적 등을 출판하는 신주주식회사를 운영하고 있음.

4. ことばの遲れとその治療

 國立聽力言語障害センタ- 森山晴之 著

5. 講座言語障害治療教育 (5) 吃音
   筑波大學心身障害學系 內須川洸 敎授 外 1

6. 禪と腦 (禪的生活が腦と身體にいい理由)
   東邦大學醫學部 醫學博士 有田秀穗 敎授 外 1
   "선과 뇌"의 저자인 아리다 교수는 1948년 일본 동경에서 태어나 1973년 동경의대를 졸업하고 1980년부터 2년간 미국 뉴욕 주립대학에서 유학하였음. 1990년부터 토호대학 의학부 생리학 교수로 재임하면서 [호흡, 각성, 정동의 신경과학]을 주로 연구를 하고 있음. 단전호흡이 세로토닌 신경을 활성화하여 인간의 정신적인 안정감을 찾을 수 있으므로 우울증과 대인 및 신선공포와 같은 신경증이 치료된다는 것을 실험을 통해서 증명하였음.

7. 丹田呼吸健康法 : 醫學博士 村木弘昌 著
   "단전호흡건강법"의 저자인 무라기 박사는 1912년 태어나서 1946년 일본 게이오대학 의학부를 졸업하였음.
   그리고 신경증의 일종인 대인공포, 시선공포 등을 치료하는 "조화도 단전호흡법"을 개발하여 사단법인 조화도 협회의 지부를 각 도시에 설치하여 운영을 하고 있음.

8. 언어의 장애 및 소심 공포증 교정교과서
   (관인) 한일정음학원 김 태 안 원장 저
   김 태안 선생은 1935년 일본 조도전 대학을 졸업하시고, 오사카 정음학원에서 본인의 말더듬을 교정한 후에 10년간 말더듬교정사업을 하시다가 1950년 귀국하여 1952년부터 국내에서는 최초로 말더듬 교정사업을 시작함.

세로토닌 신경의 단련으로
말더듬은 반드시 교정된다.

초판인쇄 : 2009년 9월 21일
초판발행 : 2009년 9월 21일
초판 2쇄 : 2014년 1월 5일
저　자 : 조 승 기
발행인 : 김 형 호
발행처 : 지 성(知性)
인　쇄 : 다솔커뮤니케이션(02-2285-6922)
신고번호 : 제25100-2009-31호
ISBN　 : 89-9588-053-1
주　　소 : 서울시 광진구 중곡 2동 135-18
전　　화 : (02) 585-4466
정　　가 : 15,000원

- 잘못된 책은 바꿔드립니다.
- 인지는 생략합니다.
- 이 책의 판권 및 저작권은 저자에게 있습니다.